英国人記者だからわかった日本が世界から尊敬されている本当の理由

ヘンリー・S・ストークス

SB新書
469

はじめに

私が初めて日本にやってきたのは、今から五五年も昔、一九六四（昭和三九）年のことである。世界一権威ある経済紙「フィナンシャル・タイムズ」の東京支局を立ち上げるためだった。当時私はオックスフォード大学修士課程を出たばかりの二六歳だった。

この国に降り立った日から約二年後、大変光栄なことに「ロンドン・タイムズ」東京支局長として仕事をする機会を頂いた。そして、七八年からは「ニューヨーク・タイムズ」に籍を移した。

日本を拠点とするジャーナリストとして、長年にわたりアジア諸国を取材してまわった。

現在、東京・丸の内にある日本外国特派員協会には、五百人ほどの外国人記者が在籍しているが、私はいつのまにかその「一番の古株」となってしまった。

来日してから半世紀以上東京に暮らし、いまだに「現役」の外国人ジャーナリストとして仕事しているのは、おそらく私一人だろう。

ずっと支局長として仕事をしてきた私は、若手の記者が取材をしてくれたことなどに、論説を加える術も身につけている。

人生の三分の二以上を、東京での仕事に尽くしてきた私は、もはや「日本人同然」となったといっていいだろう。

しかし、かつての私は日本という国と、その文化を大いに誤解していた。

私は一九三八年にイギリスで生まれた。先の戦争の最中に過ごした幼少期には、周囲の大人たちから「日本は野蛮で残酷な国だ」と教えられて育った。

連合国の一員であるイギリスにとって日本は、敵対する国である。

これは、ちょうど戦時下の日本人が、イギリス・アメリカを指して「鬼畜米英」と批判していたことと通じる。敵国を貶《おとし》めることは、あらゆる国で共通のことだろう。

しかし、成人して記者として日本で働き始めると、数えきれない取材を通じて「この国の真実」を目の当たりにすることになった。

日本には、世界でも類を見ないほどの洗練された「文化」、自分自身よりも他者を重んじる清らかな「精神性」、そして、江戸の昔から脈々と受け継がれてきた「モノづくり精神」を土台とする「最新のテクノロジー」がある。

この国に生まれ育った日本人にとっては、当たり前に思われるものばかりかもしれない。しかし、決してそうではない、ということに気づいている日本人はどれくらい存在するだろうか。

そして、かつての私と同様、先の戦争に「勝った」国の歴史観を無意識に信じこみ、日本文化を「不当に過小評価」している日本人が非常に多くいる。

日本に対して、心から親愛の情を感じるようになった一人の人間として、こうした現状が残念に思えてならない。

世の中の人々に「真実」を伝える「ジャーナリスト」として、この国の本当のすばらしさを、日本人に代わって、多くの人々に伝えたい。

そう。本書は私にとって「遺言」のようなものなのだ。

二〇一九年は、「平成」から新たな元号に移り変わる、「御代《みよ》がわり」という、この国にとって、大きな転機の年だ。

「昭和」「平成」そして次なる時代と、日本の「戦後」を一貫して見つめてきた老成の記者として、本書をきっかけに、日本の読者が「日本と日本文化の真の魅力」を知ってくだされば、望外の喜びである。

二〇一九年二月

ヘンリー・S・ストークス

英国人記者だからわかった日本が世界から尊敬されている本当の理由　目次

ヘンリー・S・ストークス／著
藤田裕行／翻訳・構成

第一章
世界を感動させる「万世一系」の国

第二章 世界から尊敬される「大和心」

第三章
日本人はなぜ、この国を愛せなくなったのか

序章

英国人記者だからわかった日本の本当の魅力

英国人記者の私はなぜ日本を選んだのか

一九六四年に、私が初めて日本を訪れた当時、この国は東京オリンピック開催目前で、日本は活気に満ちあふれていた。戦争で焼け野原となった日本は、見事な復活を遂げていた。その姿を世界に示そうと、日本人全員が誇りに胸を張っていたのである。

私は英国人記者として仕事をする中で、日本という国が、他の国にはない尊敬に値するすばらしい強みを、数多く持っていることに気づくことができた。

日本の洗練された文化や伝統、美学は、一朝一夕に生まれたものではない。長い歴史の時間を経て現代にもたらされた、まさに「宝物」なのだ。

そうした宝物を、日本人はもっと大切にし、その宝物を持つことの価値を、どうか自覚してほしい。

在サウジアラビア大使、在タイ両国の大使を歴任した岡崎久彦氏と（©FCCJ）

なぜ、いち英国人記者にすぎない私が、日本と日本人に対してここまで強い愛着を持っているのか、理解できない読者もいるかもしれない。

私は半世紀以上日本で暮らす中で、幾度となく生まれ故郷・イギリスに思いを巡らせてきた。

しかし、「イギリス」か「日本」かの選択に迫られるたびに、毎回「日本」を選び続けてきたのだ。

オックスフォード大学時代にはアメリカやソ連など、世界中の国々をまわったものだ。たいていの国の様子は、半日あれば把握することができた。その唯一の例外が日本だった。

私自身、来日したばかりのころは、「日本に対する偏見」に囚われていた。しかし、アジアの国々で何度も取材をするうちに、西欧人が日本に対して持っている認識が「誤り」だと気づき始めた。そして、日本で暮らすうちに、日本と日本人のことをどんどん好きになっていった。

初めて来日してから現在までの約半世紀で、十回ほど日本を離れる選択を迫られた。しかし、そのたびに、日本のすばらしさに触れ、日本を選び続けてきたのだ。

それは、世界の中で日本にしかない「宝物」の数々があったからこそである。

日本にしかない「宝物」たちとの出合い

日本にしかない「宝物」とはいったい、どのようなものか。

まずは、精神的な特性について、お伝えしたい。

たとえば「他人の気持ちをおしはかること」を意味する、「忖度《そんたく》」という言葉を、私はこよなく愛している。

もともと、この言葉自体には否定的なニュアンスはなかった。にもかかわらず昨今では、「忖度」は、マイナスの意味合いにしか受け取られず、「忖度すること」自体が、まるで犯罪であるかのようにみなされているようだ。

しかしそれは、実に滑稽なことだと思う。

なぜなら日本人の「忖度」の根底にあるのは、相手に強い思いやりを持って接するという、優れた感性だからだ。

相手がどのように思っているのか。どのような気持ちでいるのか。そのことについて、相手と議論したり相手を厳しく問い詰めたりすることをせずに、察する。それが「忖度」できる力の源だ。

これは、世界の中で日本人が持つ優れた能力ではないだろうか。
日本人は、長い年月をかけて「忖度」の能力を磨いてきた。

おそらく、そうした能力は、はるか太古の昔から、日本という国で、日本人によって、研ぎ澄まされてきたものだ。

少なくとも、和歌が誕生するより以前に、そうした「忖度」の技術は、磨き上げられてきたに違いない。そのスキルが、和歌という芸術を生んだのだ、と私は考えている。

そのことに気づいたのは、外交評論家の加瀬英明《かせひであき》氏が、二〇一一年の東日本大震災の少し前から、ホテルニューオータニで行っていた朝食勉強会に出たときだった。

参加者の多くは、中小企業の社長や、若手の女性経営者、弁護士、会計士などといった専門職の方たちだった。朝の七時から朝食を頂き、その後一時間半ほど勉強会が行われた。毎回七十人あまりが集まる盛況ぶりで、私も毎回のように出席させて頂いた。

その勉強会で加瀬氏が述べた、「日本人にとって『和』は、はじめからあるもので、努力してつくりあげるものではない」という言葉に、私は大きな衝撃とともに深い感銘を受けた。

私自身、日本人が「和を重んじる民族」であるとか、「和の精神を大切にしている」などということは来日したころから知っていたし、実感してきた。

来日して間もないころ、私は「和」を、英語の harmony（調和、一致、和合）と同じようなものだと考えていた。

しかし、角さん（田中角栄元首相）などをはじめとする永田町の大物政治家や、三島由紀夫をはじめとする保守・伝統派の言論人たちと親交を深めていくうちに、どうやら日本人の「和」というものは、英語の harmony とはまったく違うものだ、ということが次第にわかってきた。

「ハイ・コンテクスト・ソサエティー」日本

人々が、同じような歴史や文化、習慣や価値観、言語や宗教を共有する場合、多くを語らずとも、喧々囂々《けんけんごうごう》の論争をしなくとも、お互いにわかり合える「場」が形成されていく。

こうした相互理解の場が多くつくられていく集団を、「ハイ・コンテクスト・ソサエティー」とか、「ハイ・コンテクスト・グループ」と呼ぶ。日本はこのグループに属する。

一方で、「ロー・コンテクスト」な社会や、グループとは、異なる民族や歴史、文化、習慣や価値観、言語や宗教を背景に持っている人々の集合体を指す。このため、人々が互いに理解し合うことが難しいのだ。

多民族国家や、多文化社会、あるいは同じ土地をさまざまな民族が争奪しようと戦

ハイ・コンテクスト・ソサエティーと
ロー・コンテクスト・ソサエティーの違い

ハイ・コンテクスト・ソサエティー	ロー・コンテクスト・ソサエティー
歴史・伝統を尊重する	新しいものを尊重する
グループ・組織を尊重する	個人を尊重する
婉曲表現を好む	直接的な表現を好む
同じような民族で構成される	さまざまな民族で構成される
言語以外での コミュニケーションが多い	言語による コミュニケーションが多い
明文化されていないルールが多い	ルールが明文化されている
和を重んじる	個人を尊重する

いを繰り広げた現在の「中国《チャイナ》」などは、実は「ロー・コンテクスト」な世界を、その土台にしている。

そうした世界では、人々によって考えられた価値観や理念を共有するように努力しない限り、争いが続く傾向にある。

ところが、日本はそうではない。

日本は、見解や習慣、ライフスタイルが違ったかもしれない人々をも、長い時間「和」の中に共生共存させてきたのである。そうした中で育まれたのが、先ほど述べた「和」を実現する技術《スキル》としての「忖度」だ。そういった意味では、むしろ積極的に評価されるべき、優れた価値観なのだ。

また、世界中で類を見ない、神道の「八百万《やおよろず》の神々」が存在する世界観も、そうしたあり方と表裏一体のものといえる。逆にいえば、「八百万の神々」が共生する世界が、日本には太古から存在していたのではないだろうか。

他者との「和」を重んじる日本人のあり方は、本当にすばらしいものだ。

太古から、日本人が、歴史と伝統と文化を通して育んできた「和の精神世界」は、まさに、「国宝」ともいうべきものだ。

「忖度」は、こうした日本人の長きにわたるすばらしい精神活動が結実した「宝」なのである。

日本の「和」、イギリスの「不文律」の類似性

私の生まれ故郷・イギリスは、歴史と伝統を大切にする国だ。

イギリスでは「不文律」（明文化されていない決まりごと）が重んじられている。こ

れは、アメリカのような多民族国家では、成り立たせるのがなかなか難しい慣習かもしれない。

イギリスにおいて法律で書かれることは、ごく一部。多くのことは歴史と伝統を踏まえて、守られる。これが原理原則だ。

なぜなら、今、無駄な議論をするまでもなく、歴史と文化と伝統の中に、先人が導いた「答え」が存在するからだ。

法律だけでなく、契約も同様だ。これがいわゆる「紳士協定」である。

書面上で細かいことまで取り決めをしなくても、相手を信頼する。これは、お互いの「信用」という尊い資産があるからこそできることだ。

「明文化しなくても約束を守る」ことは、歴史の浅い新しい国や、つきあいの浅い間柄では成立しない。「信用」とは、長い時間を経てこそ生まれてくるものだからである。

文章上の細かい表現を抜きにして、お互いが心を一つにして信頼し合っているからこそ生まれる土台がそこには存在するのだ。

「紳士協定」や「不文律」といった、イギリスに根づいた伝統的な価値観は、先に述べてきた日本の「和」の世界観に通じるものがある。

世界史上の奇跡・「万世一系」の国

日本という国は、太古の昔から二十一世紀の今日まで、一つの民族が、一つの国土に一つの文明を脈々と受け継いできた「万世一系」（永久に一つの系統が続くこと）の国だ。

これは、世界史における「奇跡」だと断言できる。

実際ギネス世界記録は、日本を「世界最長の王朝」と認定している。

私の故郷イギリスも、古い歴史を持つ国ではあるが、日本には遠くおよばない。

異民族による侵略や征服を受けたり、共存したりといった歴史を経て今に至るのが、我が祖国「ユナイテッド・キングダム」だからだ。

これは、日本の「和の世界観」とは真逆である。

しかしこれは、なにもイギリス特有の話ではない。世界中の多くの国が同様なのだ。日本のように縄文時代から一つの文明が、一貫して現代にまで至った国は世界でほかにない。

それがどれほど奇跡的なことで、どれほどに尊く、価値のあることなのかを、認識して頂きたい。

最新のDNA研究によれば、アイヌから沖縄の人々までが、本土に住む日本人と同じDNAを民族の土台として持っているという。

そしてそれは隣の中国、韓国人とは異なっており、むしろチベット人に近いという。大変興味深い指摘である。

つまり、太古の時代から日本人は、この列島で、「一つの民族」として暮らし、現在に至るのだ。そして長い歴史の中で、他民族による征服、侵略を一度たりとも受けなかった。

だからこそ日本は、高度に洗練された文明を、つくり上げることができたのである。

国家の礎をつくった「神道」

世界で他に類を見ない、日本文化の独自性が現れた代表的な事柄を一つ挙げよう。天皇という存在である。

天皇は、天照大神《あまてらすおおみかみ》の子孫とされている。政治と祭祀の双方を司る王、「プリースト・キング（祭祀王）」よりも高貴な聖人といえるだろう。

日本人の中にも、民主主義が至上の価値のように錯覚している者が多い。必ずしも、そうとは限らないのではないか。

なぜなら民主主義は、国民がどのようなリーダーを選択するかによって、国家の運命が大きく左右されるからだ。ヒトラーも、民主政治の中から台頭した。ときに、民主主義において多数派の意見は、恐ろしい結末を招く。どのような王が登場するかによって、民衆の運命が左右される「王政」のリスクと同様の危うさを持っているのだ。いわゆる「衆愚政治」である。

そうした中で、日本の天皇は、王や大統領などのあらゆる世界のリーダーと、立ち位置がまったく異なっている。

天皇とは、「神道」という日本古来の信仰の、最高位の神官でもあるからだ。

「国際基準」至上主義の嘘

何が正しいか、もしくは何が望ましいかを議論しているときに、時々「国際的な基準と違う」とか、「欧米先進国のレベルに至っていない」などと自虐的に論じる人がいる。

彼らは「国際的」なものや「欧米流」であることが、優れていると錯覚しているのではないだろうか。

「国際的な基準」や「欧米流」が、自分自身にとっても最適とは限らない。そうした基準とは違っても、それぞれの国や民族にとって自然なあり方があり、それが最適である場合もある。「グローバル・スタンダード」は幻想なのだ。

たとえばアメリカは、二百四十年余の歴史しか持たない新しい国である。今アメリカ方式が正しいと判断されたと仮定しても、それがいつの時代にも必ず正しいとは断言できないだろう。

生まれて間もない国にとってはすべてが仮説であり、実験のようなものだ。

ところが、日本では、条件設定がそもそも違う。

二千年以上にわたって、日本人の流儀は、歴史の洗礼を受けながら現在まで生き続けてきた。

だからこそ、少なくとも日本と日本人にとっては、有効な流儀なのだといえるだろう。

日本人は「国際的」という表現に、弱すぎる部分があると思う。

日本社会は、はるかに長い歴史の時間を経て、日本にとって最適の「解」を見出してきているのだ。

世界が手本にする「日本流儀」

世界を席捲《せっけん》する「グローバリズム」も、いわば一種の幻想だ。

かつては「地球市民《グローバル・シティズン》」、「地球市民権《グローバル・シティズンシップ》」というような表現も耳にしたが、それぞれの国に、国権があり、国益があり、国柄があり、固有の歴史や習慣、文化や伝統がある。

これらを粗末に扱って、国際標準のようなものを強制されれば、どんな国も反発するだろう。

一つの世界スタンダードというのは、いわば「一神教」の発想だと私は考える。

アメリカを例に考えてみよう。グローバル・スタンダードが、アメリカン・スタンダードであるとすれば、アメリカは満足だろう。

だが、チャイニーズ・スタンダードを、世界各国が導入しろという話になれば、不都合だと感じる国が出てくる可能性がある。

白人の基準をグローバル・スタンダードにすれば、非白人諸国は反発するだろう。

現在アメリカでは、かつてのように白人が人口の多数派を占めているわけではなくなりつつある。そのため、白人の反発が起こっている。

もし世界が、共存共栄を望むなら、「一神教」的なグローバル・スタンダードではなく、「八百万の神々」が共存できる日本の「神道」のようなスタンダードを取り入れるべきではないだろうか。

これは、多様な価値観を相互に認め合いながら、共存・共栄を目指す、理想的なスタイルである。

この国では、二千年以上も、一つの国が滅亡することなく二十一世紀まで続いてきた。

そこに秘められた歴史あるノウハウに、海外諸国はもっと注目するべきだ。「日本流儀」には、世界の手本となり得るさまざまなノウハウが秘められているのである。

第一章

世界を感動させる「万世一系」の国

「モラル」と「道徳」の違いを教えた出光佐三

日本にやってきて八年後の一九七二年四月十七日、私は、出光興産本社で出光佐三《いでみつさぞう》氏と対談することになった。お膳立てをしてくれたのは、日経連の常務理事で、参議院議員だった有田一寿《かずひさ》氏である。

民族資本による石油元売大手・出光興産の創業者、出光佐三氏は、〝士魂商才〟の日本的経営で知られ、のちに百田尚樹《ひゃくたなおき》氏が『海賊とよばれた男』と題して描いた小説の主人公のモデルになった人物でもある。

対談のテーマは、「道徳」や「美学」だった。

日本の道徳や美学に関心を持っていたとはいえ、三十代前半で、日本のことをほとんど知らなかった私は、この対談を通じて、それまで抱いていた「道徳」や「美学」に対するイメージを大きく覆される思いがしたものである。

というのも、「道徳」という言葉は、英語で「モラル」という言葉に訳されていたからだ。

出光氏は、この二つには大きな違いがあるとした。その概略を、出光氏の口調を借りて述べておこう。

「世界の平和、人類の幸せを『美』と呼ぶのであれば、その実現は非常に難しい。その難しい美を実現する上で、大きな使命を持っているのは日本だと私は思っています。なぜならば、日本の『道徳』と外国の『モラル』には大きな違いがあるからです。一言でいえば、『道徳』には美があり、『モラル』には美がないのです。この違いは、非常に大きなものがあります。それについては、亡くなられた世界的な大哲学者・鈴木大拙《だいせつ》氏のお話がわかりやすいと思います」

鈴木大拙氏は次のように述べている。

「征服者は常に、征服した大衆を治めるために、法律や規則や組織を作り、それを明文化する。明文化されたこの法律や規則や組織を守ることを『モラル』と呼ぶ。

それに対して、『道徳』は、平和に仲良く幸せに暮らすためには、こうしなければならない、こうするほうがいいという、人間の真心から自然発生的に生まれるものである」

出光氏は、鈴木大拙氏のエピソードを引用して、次のように述べた。

「鈴木先生の言われた征服者とは、外国のエンペラーやキングや皇帝や国王のことだと思います。

彼らは、自分の征服欲によって、他国や人を征服しました。人々を敵とみなして殺したり、財産を奪ったり、その伝統文化を破壊したりして、自分は贅沢三昧の生活をしました。

ですから、これらの征服者の世は、長くても数百年しか続かなかったのでしょう。唯一の例外は、英国だけです。

ですから、征服された国の人々から見れば、長くても数百年ごとに征服され、そのたびに蹂躙され、新たなモラルが生まれ、それに従わされることになります。虐殺され財産を奪われ、誰も、生命や財産を保護してはくれません。

そこで、国民は、自分たちの自由や権利を守るために立ち上がり、個人主義や自由主義や権利意識が生まれ、対立するようになりそれを巡っての闘争をするようになりました。

また、鈴木先生の言われるように、モラルとは、征服者が大衆が守るべきものとして紙に書いたものを守ることを言います。ということは、紙に書いてあることは守るけれども、書いていないことは守らなくてもいいということです。

逆にいえば、紙に書いてあれば、それが他人の迷惑になることでもやっていいということになります。

今の世の中は、まさにそういうやり方が横行しています。たとえば、自分の給料を上げるために電車をとめたり、郵便物の配達をしなかったりと、無関係な人々に迷惑をかけても、紙に書いてあるから合法的だとして実力行使をします。

これは、決して「道徳」的な行為とはいえません。これが、モラルと道徳の違いなのです」

道徳の根本にある「感謝」の心

出光氏が私との対談で語ったことをもう少し引用しよう。

「今申し上げたように、『道徳』は紙に書いたものではありません。人間がお互いに、しあわせを味わい、平和に暮らしていこうという心があって生まれるものです。言い換えれば、人類の平和や福祉を打ち立てることをいいます。

そのためには、どうすればいいのかが自然発生的に生まれて『道徳』が形になります。言い換えれば、道徳心を持って初めてモラルが活きてくるのです。それがないと、人々はモラルの奴隷になるばかりです。

やってもいいと書いてあるから、道徳に反することでもやっていい、紙にやりなさいと書いてないから、道徳的なことでもやらなくていいということになっているのが、今の世界のありさまです。

そうした欧米の『モラル』とは違う、このような『道徳』がどうして日本に生まれたのでしょうか。

それは、日本には大衆を搾取する支配者がいなかったからです。京都の御所をご覧になればわかりますが、日本の天皇・皇室は無欲です。

皇室は質素に暮らしておられたから、国民から財産を没収したり搾取したりする必要がなかったのです。国民は、自分の生命や財産が保護されているので、自然に『ありがとうございます』という感謝の念で天皇を仰ぎ見ることになりました。これが『恩』です。

この『恩』は、日本人だけが知っている概念でしょう。これが、日本の民族性であり、日本の国体のあり方です。

日本の皇室ですがこれほど長い間、国民の中心として国民が敬愛している姿が続いているのは、日本だけです。これが日本の『美』です。そこから道徳が出てきているのです」

私は今でもよく、この対談の情景を思い出す。イギリス人の私が、日本人というものをより深く考え、その精神性を知る大きなきっかけになったからである。

のちに、私は、たとえば、「和を以て貴しとなす」と言ったという聖徳太子の言葉や、民のかまどから煙が上っているのを見て安堵したという仁徳《にんとく》天皇の逸話を知った。それは、私の日本人観をますます深めてくれたのである。

私にこうした日本人観を授けてくれた出光氏は優れた人物だった。それは、彼の数々の名言に表れている。その一つを紹介しておこう。

それは敗戦で海外部門をすべて失い、海外で働いていた従業員をどうするかと社内で話し合ったときだった。

「君たち、店員を何と思っているのか。店員と会社は一つだ。家計が苦しいからと、家族を追い出すようなことができるか！」

こうして、出光氏は、一人もリストラすることなく、経営を立て直したのである。

また、

- 従業員を身内だと思って、良好な関係でつき合っていくこと
- 自らの考えを最後まで曲げないこと
- 自分が資金を提供したことを誰にも言わないこと

この三か条は、出光氏を支援し続けた日田重太郎《ひだじゅうたろう》（小説では木田章太郎）が挙げたものだが、いかにも日本人らしい哲学だ。

他国の文化を作り変えた列強、守り育てた皇国《すめらみくに》日本

長い鎖国の時代を経て、明治維新を迎えた国家・「大日本帝国」に対して、「西洋列強による帝国主義の時代に、遅れて参加してきた国である」という見方をする向きが多いようだ。しかし、果たしてそうだろうか。

私は、大日本帝国が進めようとした「帝国」のあり方と、西洋列強の帝国主義には大きな違いがあると思っている。

たとえば、西洋列強は、その土地の富や産物を搾取することで、植民地を支配しようとした。しかし、日本が朝鮮半島や台湾や満州（現在の中国東北部）で行ったことは搾取ではなく、逆に、日本本国からの持ち出しによって統治しようというものだった。

西洋の帝国主義が植民地支配だったこととは、真逆のやり方である。つまり、大日本帝国は、帝国の内に入った地域を本国以上に大切にし、産業をより活性化させ、現地の住民が潤うために、本国の富、いわば日本人が納める税金を費やしたのである。

当時、決して豊かではなかったにもかかわらず、日本という国は、これらの地域に本国以上に立派なインフラを整備し、大学を設置して高等教育を施している。優れた人材を育てることで、工業や農業を発展させ、貧しかったかの国は豊かになった。

これは、植民地の住民を劣等民族とみなし、支配することしか考えなかった西洋列強には思いもよらない政策だった。なぜ、日本国家は、こうした統治政策を思いつき、それを是として進めたのだろうか。

私が唯一考えたことは、ロシアも含めた白人列強から、日本を含めた、朝鮮人や台湾人やその他のアジア人を防衛しようとしたのではなかろうかということである。

思えば、幕末、清国（中国）では、アヘン戦争が起こっている。これは、アヘンの密輸販売で多くの利益を得ていたイギリスと、アヘンを禁止した清国とが戦い、清国が敗北した戦争である。

日本を窺うロシアの脅威を感じていた日本もまた、列強に蹂躙《じゅうりん》されることへの恐れを抱いていた。

したがって、当時の日本は、こうした現地住民を潤わせる政策をとることで、ひいては、日本を防衛しようとしたのであろう。

どの国も、一番に考えることは、自国を守ることである。「西洋列強」の「帝国主義」とは一八〇度異なる概念は、こうして生まれた。自国を守るための政策が、アジアの国々を富ませることになるという、一石二鳥の結果を生んだのである。

つまり、アジアを植民地として搾取し日本を豊かな国にするよりは、アジアを発展させて、アジアの国々を、西洋列強に対抗できる国にするほうが得策であると考えたのだ。実に優れた「逆発想」だと言えよう。

こうしたアジアへの同胞意識に根差した考え方は、のちに、頭山満《とうやまみつる》の主張した「大アジア主義」にも見られるのである。

幕末に生まれた頭山満は、列強に対して強硬な姿勢を主張する一方、朝鮮の金玉均《きんぎょくきん》や中国の孫文や蔣介石、インドのビハリ・ボースやベトナムのファン・ボイ・チャウと、日本に亡命したアジアの運動家を積極的に支援している。

絶対不可欠な国是「富国強兵」

帝国主義は、「ある国家が力《パワー》を背景とし、国境外の人々に対して支配権を及ぼそうとする膨張主義的政策」と定義できる。「一つの国家が、自身の民族主義、文化、宗教、経済体系を拡大するため、あるいは新たな領土や天然資源などを獲得することを目的として、軍事力を背景に他の民族や国家を侵略しようとする思想や政策」とされている。

したがって、日本は、「大日本帝国」と名乗ったことから、欧米列強なみの帝国主義を実践しようとしていたかのように見えるかもしれない。しかし、日本の帝国主義は、アジアのリーダーとなる自覚があってこそのことだった。

列強の植民地政策にさらされるアジアの中にあって、列強の介入を阻止できた日本は、アジアのリーダーとして、列強による軍事侵攻から日本を防衛するための手段として、帝国主義的な道を選んだ。

そのために、「富国強兵」は絶対不可欠な手段だった。国が豊かになり、強くならなければ、欧米列強にのみこまれてしまうという危機感は、蹂躙されるアジアを目撃した日本にとって強烈だった。

日本は、アジア全体の経済力、防衛力を高めることで、アジアの共栄共存を実現しようと試み、率先して、対抗したのだ。

明治政府が発足した当時、まさに弱肉強食の時代だった。その中で生き抜き独立を保つには、強くなることしか手段はなかった。

欧米列強なみの軍事力と経済力を国力として急速に持たなければ、日本という国家は消滅するかもしれないという危機感に先人たちは、震えることもあったであろう。

何といっても、平和に暮らしていた先住民たち、北米のネイティブアメリカンたちを、武力でほぼせん滅してしまった欧米列強だからである。

しかし、日本には、かつてのネイティブアメリカンが持つことができなかった強みがあった。江戸時代という、約二百六十年間の長い平和が維持された時代、勤勉な日本人は、高い教育を受け、優れた技術力を誇っていた。

江戸時代の識字率は何と、七〇パーセント超で世界一とされた。寺子屋という教育施設が多くあり、一般の庶民も読み・書き・そろばんができたのである。

日本にやってきた外国人は、たとえば江戸の人々が帯に挟むしゃれた留め具「根付《ねつけ》」の精巧な出来具合に目を見張ったというが、それも、日本文化の程度の高さを物語っているといえるだろう。

さらに、優秀なエリートたちがいた。彼らは、蹂躙されるアジア諸国や欧米で繰り広げられる領土争いなどを見聞きして、幕末から富国強兵の必要性をひしひしと感じていた。

たとえば、江戸後期から幕末の第十一代薩摩《さつま》藩主・島津斉彬《なりあきら》は、洋式造船・反射炉・溶鉱炉の建設などを実施している。ちなみに集成館事業と呼ばれるこれらの事業は、二〇一五年、世界遺産に登録された。また、幕府も諸藩も、海防の施設を次々に整えているのである。

こうして江戸時代に育まれた土台があったことで、明治の日本は、技術力や軍事力を強化し、欧米列強に追いついていったのである。

さらにいえば、こうした土台があったからこそ、日本は、古代から続く日本の「国体」と独立を保ちつつ、欧米列強の先進技術や制度を取り入れることが可能だったといえるだろう。

というわけで、日本は、欧米列強の世界侵略・植民地支配・奴隷売買が始まってのち、唯一、そこから逃れた国になったのである。つまり、欧米の優秀な部分から学び、それを吸収し、咀嚼《そしゃく》して、日本に適合する独自の制度や文化をつくりあげたのである。

軍事力でも、欧米列強に対抗できるように、国家の総力を挙げて取り組んだ。これができた国は、非白人世界では日本だけだった。そこには、欧米列強によるアジア支配への脅威があったのである。

「灰色の決着」を重んじる日本人

前述の加瀬氏が言うように、「日本は和の国」である。日本人は、黒か白かの決着がつくまで戦うことを避け、「灰色の決着」でことを丸く収める傾向が強い。

一方、西欧社会では、この「灰色の決着」がなかなかできず、何ともいえない心地の悪さを感じてしまう。是か非か、善か悪かをはっきりさせる文化的背景が、歴史的に形成されてきたからである。しかし、物事のすべてに百パーセントの善とか、一〇〇パーセントの悪を求めることには無理がある。

その上、こうした対立概念から生まれるのは、相互理解ではなく相互不信感である。そこで、裁判で第三者に決着を委ねる文化ができあがった。しかし対立は激化し、闘争が激しくなり、相互理解などできる状況ではなくなった。これが理想の社会といえるだろうか。

もっとも、ここ三十年ほど、これが理想の社会ではないことに気づいたのか、「二者択二」の概念が出てきた。

たとえばハーバード大学などが、「シナジー（相乗）効果」とか「ウィン・ウィン」などのノウハウを教えていると聞く。これは、対立軸を超えた双方にとってメリットのある解決策があるのではないか、対立しないで協力したほうが生産性を上げることができるのではないかという反省からであろう。

これを「創造的問題解決」などという。いわゆる「パイとり合戦」をして一〇のものをそれぞれの力関係で取り合うのではなく、協力してパイを増やしてトータルに獲得できるパイを増やして、両方が勝つ方法を模索しようというものである。

しかし、日本人は、教えられなくても、こうした概念を生まれながらにして持っているのだ。たとえば、技術の獲得にしても、日本人は、自分が得た技術をすぐさま周囲に広げて、共有のものにしようとするのである。それは、まさに、加瀬氏の言う「和」そのものといえよう。

すべての物事を対立構造で捉えない日本人

このように、日本人は伝統的に、異なるものを二律背反的に捉えなかった。古来八百万の神が共生している日本では、本来ならば対立するはずの考えや、気質、性格や挙動をも相互に認め合って共生する知恵が育まれてきた。

それは仏教伝来にも反映されている。聖徳太子は仏教で日本を統治しようとし、当時の天皇は、大仏を建立したり、寺を建てたりして仏教に帰依《きえ》してきた。しかし、八百万の神を捨てなかった日本では、「本地垂迹説《ほんじすいじゃくせつ》」という解釈が生まれた。

これは、平安時代に起こってきたもので、「神の本地（本体）は仏であり、神は、仏が救済する民の能力に従ってこの世に出現した」とする説である。つまり、仏と八百万の神を対立したものとせず、融合・両立させてしまったのだ。日本人でなければ、「できない芸」である。「一神教世界」では、このようなことは、一度たりとも実現したことはない。

要するに、大きく「和の心」をもって異なった考えや、対立する思想さえも共存させ、全体の調和を保ってしまうのだ。争いや戦いを回避する優れたスキルだ。日本人は、こうして独自の文化を織りなしてきたのである。これは、西欧の一神教の世界観とは異なるすばらしい知恵といえよう。

一方、西洋文明もイスラム文明も、常に白と黒をはっきりさせ、神と悪魔の戦いのような世界観に憑依《ひょうい》されてきた。キリスト教徒もイスラム教徒も、「その思考は神か悪魔か」という二者択一を迫る。

聖書の世界に生きる欧米人は、「神か悪魔か」「天使か悪魔か」という極端な二者択一を迫られる世界で生きてきた。誰もが自分は神か天使の側だと思っているから、対立する相手を「悪魔」とみなして攻撃する。

議論に負けると、自分が悪魔の側に立つことになるから、必死で勝とうとする。神は常に勝者であり天使は「嘘をつかないもの」とされるから、勝つために躍起になってディベートし、日本人のように「落としどころ」を探る知恵はない。

それに対して、日本人は禅問答のようだ。「善でもあり悪でもある」「人間はいいこともするが悪いこともする」と思っているから、自分がすべて正しく、相手がすべて間違っているという考え方をしない。だから、敵対関係になりにくいのである。

人種平等の精神から生まれた「皇民化」教育

私は、日本ほど平等な社会はないと思っている。

たとえば、イギリスやヨーロッパは階級社会であり、階級によって、話す言葉も学歴も違っている。だからこそ、『マイ・フェア・レディ』のような芝居が生まれる。

これは、一流の音声学者であり、成金に上流階級の話し方を教えることを生業にしているヘンリー・ヒギンズ教授が、花売り娘のイライザをレディに仕立て上げる物語である。

また、学歴にしても、システムとしては、労働者階級出身でも、オックスフォード大学やケンブリッジ大学に入学可能である。しかし、基本的に自分の出自がそのまま階級を示す。

したがって、イギリスの社会制度、階級意識が、立身出世を困難なものにしている面が多分にある。たとえば、上流階級、又は上位中流階級出身者は、子どものころから親元を離れ、授業料の高い私立の寄宿学校（パブリックスクール）で学ぶ。

そこでは、上流階級にふさわしい言葉づかいや考え方を学ぶ。しかも、著名なパブリックスクールでは、卒業生の子弟に、学業成績にかかわらず座席が確保されているともいわれている。

一方、日本では、大臣も大企業の役員も大学教授も、一般庶民と同じ日本語を話しているし、その立ち居振る舞いにも差はほとんどない。巨額な収入を得ている人もごく一部であって、一流会社の社長でも、欧米の社長ほどの収入を得てはいない。

教育にしても、明治維新で四民平等になって以来、能力次第で誰もがエリートになることができた。それは、かつていわれた「末は博士か大臣か」という言葉に象徴されている。

もっとも、最近の大臣職は、末になりたい身分ではなくなってきているという皮肉な現象も起きているようだ。

こうした、「平等意識」は、自分だけの幸福を追求することは恥と考える「和」の心から発している。日本人にとって謙虚であることや富をみせびらかさないことが大きな美徳になっているのである。

この「平等」の心は、同国人だけではなく、他国人である「同胞」にもおよんでいたのだ。日本は、台湾や朝鮮を併合したが、決して、彼らを支配し蹂躙しようとは考えなかった。彼らを日本人と平等の「皇国《すめらみくに》（天皇の国）の臣民」と考えたのである。

だからこそ、以前述べたように、大日本帝国内のインフラを整備し、日本人と同じように高等教育を受けさせたのである。しかも、日本在住者には選挙権もあり、一九四五（昭和二十）年には、台湾や朝鮮にも帝国議会の議席を与えているのだ。欧米の植民地では、考えられないことである。

日本という新興勢力が諸国の独立を促した

今世界を見渡してみると、いまだに、帝国主義的な搾取をする国があり、その圧政に苦しむ人々がいる。こうした悲劇に心痛を覚えるのは、私が基調講演を行ったある会合を思い出すからである。

その会合、「日印国交樹立六十周年」を祝う集会が開催されたのは、二〇一二（平成二十四）年十二月のことだった。主催者は、「自由アジア」を訴え、アジアの民主化を推進していこうという団体だった。

東京ドームがある後楽園のほど近くにある文京シビックホールには、「自由アジア」を切に願うアジア諸国、自治領とされている地域の人々や支援者たちが参集していた。インドをはじめとするチベット、ウイグル、南モンゴル（中国は内モンゴルと呼んでいる）、そして、台湾や北朝鮮からの代表の顔も見えた。

私が行った基調講演のタイトルは、「日本はアジアの光だった」である。講演は英語で行ったが、それは即座に、パワーポイントによって字幕のようにスクリーンに映し出された。いわば、同時通訳ならぬ同時翻訳である。

講演は四十分間の濃い内容だったが、この翻訳字幕のおかげで、英語のわからない日本の聴衆の皆さんからも、「すばらしいスピーチだった」と好評を博した。それを裏付けるように、実際拍手が鳴り止まなかった。

このスピーチについては、五年ほど前に出した本でも触れたが、改めてご紹介したい。アジア諸国は欧米の植民地支配から、日本によって解放されたものの、共産党の出現によって再び自由を奪われる地域が生まれている。

かつての日本は、アジアの自由を実現するために立ち上がったのだ。その日本人の気概を思い起こしてほしい。

「このシンポジウムは、一九五二(昭和二十七)年の日本とインドの国交樹立六十周年を記念して開催されています。このような歴史的な瞬間を、皆さまと共にできることを光栄に存じます。

二十世紀でもっとも驚く展開は、五百年続いた植民地支配、その呪いが終わりつつあることにあります。白人による支配がなくなりました。これは誰もがまったく予想しなかったことです。

一九三〇年代の末、『インドの独立はいつになるのか』と聞かれたインド独立運動の指導者ネルーは、『七〇年代には実現するかもしれない』と答えたそうです。これは、自分の死後という意味でしょう。

しかし、一九四〇年のはじめになると、インドには独立の機運が高まりました。なぜでしょうか。

答えは簡単です。第二次世界大戦が勃発して、五百年の植民地支配という状況から新興勢力が現れ、白人による植民地支配に強烈な打撃を与えたからです。その新興勢力の一つが日本でした。

この強烈な打撃により、インド独立のタイムテーブルは、ネルーが予想した七〇年代から、第二次世界大戦が終わった一九四五年へと短縮されたのです」

インドは、一九四七年に独立を勝ち取り、ネルーは初代首相に就任している。

日本とインド植民地化の歴史

「ここで、時間を十七世紀まで戻してみたいと思います。

インドでは、イギリスが一六〇〇年に東インド会社を設立し、植民地支配に着手しました」

一六〇〇年は、日本では関ケ原の合戦があった年である。これをきっかけに、日本は、鎖国政策を取り徳川家康が日本を統一して以来二百六十年間にわたる平和な時代を築いている。日本が平和を享受していたこの時代、

「イギリスは、一六三九年にマドラス、一六六一年にボンベイ、一六九〇年にカルカッタに東インド会社を進出させました。

イギリスの侵略は、プラッシーの戦い（一七五七年）、マイソール戦争（一七九九年）、シーク戦争（一八四五年）と続き、一八五七年から五九年にかけて、反イギリス民族闘争である有名なセポイの反乱が起こりました。

こうして、イギリスがインドを抑圧する中で、日本では、一八六八年に明治維新が起こりました。同じころに、インドでは、独立のために戦った歴史的な人物が生まれています。

それは一八六九年に生まれたマハトマ・ガンジーと、一八九七年に生まれたチャンドラ・ボースです。

一八七七年（日本では明治十年）、インド帝国が成立しましたが、これは、イギリスが直接インド全土を統治するもので、ビクトリア女王が『インド皇帝』として即位しました。これにより、イギリスはインド植民地化の絶頂期を迎え、そのころ、ボースは誕生したのです。

ボースは今でもインドで『ネタージ』（指導者）と呼ばれています。ボースは、日本軍に支援されて、ＩＮＡ（インド国民軍）を結成しました。

ガンジーは非暴力主義で植民地支配と戦いましたが、ボースは、司令官として戦う道を選んだのです。

ボースは、大東亜戦争の最中の一九四三年五月十六日に来日し、嶋田繁太郎海軍大臣や永野修身海軍軍令部総長、重光葵《しげみつまもる》外務大臣と面会、さらに東條英機首相と会談しているといいます。

そして、日比谷公会堂で講演しています。その時の次のようなメッセージは当時のアジアの人々の気持ちを代弁するものでした。

『約四十年前、私が小学校へ通い始めたころ、アジア人の国が世界の巨人・白人帝国のロシアと戦いました。このアジアの国は、ロシアを大敗させました。そして、その国が日本だったのです。

このニュースがインド全土に伝わると、興奮の波がインド全体を覆いました。インドの至るところで、旅順攻撃や奉天大会戦、日本海海戦の勇壮な話によって沸き立っていました。

インドの子どもたちは、東郷平八郎元帥や乃木希典《まれすけ》大将を素直に慕いました。親たちが競って、元帥や大将の写真を手に入れようとしましたが、できませんでした。その代わりに、市場から日本製品を買ってきて家に飾りました』

ボースは、『日本はアジアの希望の光だった』とはっきり語りました。

ロシアを破った日本を、『希望の光』と捉えたのは、インドだけではありません。

たとえば、オスマン帝国時代からロシアと対立し、何度も交戦してきたトルコは、日本の勝利に感動し、生まれた我が子に、『トーゴー』とか『ノギ』とかという名前をつけた母親もたくさんいたといいます」

東京で初めて開催された有色人種によるサミット

私の基調講演について、今しばらく引用を続けさせて頂きたい。

「重要なのは、主張より行動でした。ビクトリア女王が『インド帝国』皇帝に即位して六十六年目にあたる一九四三年十月、自由インド仮政府が樹立されました。シンガポールでの大会で、ボースは満場の拍手をもって、仮政府首班に推挙されました。

ボースは『チャロ・デリー！（デリーへ！）』と進撃を宣言し、人々はそのメッセージを掲げて行進しました。祖国インドへ向けた歴史的な進撃の開始でした。

インド国民軍ＩＮＡの将兵は日本軍とともに、インド・ビルマ国境を越え、インパールを目指し『チャロ・デリー！』と雄たけびを上げ進撃しました。『我らの国旗を、レッド・フォート（デリーにあるかつてのムガール帝国の城砦で、一八五七年からイギリス軍が駐屯地とした）に掲げよ』と、ボースは将兵を激励しました。

自由インド仮政府は、イギリス、アメリカに対して宣戦布告しました。

同じ年の一九四三年十一月五、六の両日、東京で、大東亜会議が開催されています。これは、人類の長い歴史において、有色人種によって行われた最初のサミットになりました。

サミットに参加したのは、日本の東條首相、満州（現・中国東北部）の張景恵《ちょうけいけい》国務総理、中国南京政府の汪兆銘《おうちょうめい》行政院長、フィリピンのラウレル大統領、ビルマのバー・モウ首相、タイのピブン首相代理としてワンワイタヤコーン殿下とアジアの首脳が集まり、インドを代表してチャンドラ・ボース（インドはまだ独立を果たしていなかったので）がオブザーバーとして参加しました。

会議では、大東亜共同宣言が採択されました。ボースは、『この宣言がアジア諸国民のみではなく、全世界の被抑圧民族のための憲章となることを願う』と言い、日本を『全世界の有色人種の希望の光』と宣言しました。

戦後、日本の多くの学者は、この会議は日本軍部が占領地の操り人形を集め、国内向けの宣伝のために行ったと唱えています。しかし、こうしたことを主張する日本人こそ、日本を売ろうとする操り人形というべきではないでしょうか」

「勝てば官軍」という言葉がある。歴史は、常に勝者の側から語られるものだ。だから、日本人は、連合国によって自虐史観を植えつけられ、そこから七十余年もの間逃れることができないでいるのかもしれない。日本は大東亜戦争でアジアを解放したのだ。

連合国に自虐史観を植えつけられ、日本人は、本来の心を失いつつあるように見える。大変残念なことだ。

私は、多くの日本研究者から日本について学んできた。今は亡きエドワード・サイデンステッカー教授もその一人である。教授は、『源氏物語』、『蜻蛉《かげろう》日記』などの古典や、川端康成、谷崎潤一郎、永井荷風、三島由紀夫などの作品を翻訳して、勲三等旭日中綬章《きょくじつちゅうじゅしょう》を受章しているという、日本に対して大変造詣の深い人物だ。

ご存命だった当時、教授と会うと、口癖のように、日本の若者たちが日本人らしさを失うようになっているのを嘆いていた。それは、日本人が持ち続けてきたはずの心根や、美しい言葉づかいにまでおよんだ。

「初めて日本に来たときは、誰もが日本人の心を持っていて感心させられたものでした。ところが、今の若者には『礼儀知らず』が多くて、彼らの振る舞いや話しぶりには腹が立ちます」

「私は、初めての飲み屋に入るとき、客の年齢層を見ます。若者が多いと、女性までもが奇声を発するのでよそへ行きます。私は落ち着いて酒の味を楽しみたいのです」

「日本語がおかしくなっています。『ぜんぜん大丈夫です』などと、本来否定語が来るはずのところに平気で肯定する言葉をくっつけるのです。『生きざま』など、辞書にはありません。あるのは『死にざま』だけです」

たしかに今、日本の若者は、日本人が代々受け継いできたすばらしい生活文化と精神を、自らの手で傷つけて損ねるようになっているかもしれない。

だからこそ、多くの日本人が、日本についてもっと知り、日本人らしさを取り戻してほしい。日本が紡いできた「和の心」と、その洗練された精神文化は、日本人にとってだけではなく、人類にとって大きな財産だと思うからだ。

日本は、全人類平等を提唱した唯一の国

私は講演でさらに次のような話をした。少し加筆しつつ改めてご紹介しよう。

「この五百年の世界史は、白人の欧米キリスト教諸国が、有色民族の国を植民地支配した壮大なドラマでした。

その中にあって、日本は前例のない国でした。第一次世界大戦後のパリ講和会議で、日本は人種差別撤廃を提案したのです。一九一九年二月十三日のことでした。二〇一九年は、百周年にあたります。

日本が、史上初の人種平等宣言をしたこの会議では各国首脳が、国際連盟の創設を含めた大戦後の国際体制づくりについて協議しました。そんな議論の最中に、人種差

別撤廃案が出されると、白豪主義のオーストラリアのヒューズ首相は、署名を拒否しました。

特別委員会の委員長であるアメリカのウィルソン大統領は、本件は平静に取り扱うべき問題だと言って、日本に提案の撤回を求めました。しかし、山本権兵衛内閣で外務大臣の経験もある日本代表団の牧野伸顕男爵は、それに従わず採決を求めたのです。イギリス、アメリカ、ポーランド、ブラジル、ルーマニアなど反対する国もありましたが、採決の結果、賛成派が多数を占めました。出席一六か国のうち、一一か国が賛成したのです。

しかし、ウィルソン大統領は『全会一致ではない』として、この採決を無効にしてしまいました。牧野は多数決での採決を求めましたが、ウィルソンは『本件のような重大案件は、全会一致か少なくとも反対者がいないことで採決する』としました。

人種差別撤廃案が圧倒的多数で可決されたにもかかわらず、ウィルソン大統領は、この議決を葬り去りました。

アメリカにも昨今では黒人の大統領（オバマ大統領のこと）が登場しましたが、当時では、そのようなことはまったく考えられないことでした。日本人も有色人種です。

ですから、誇り高い日本人は、白人の有色人種に対する暴虐を見過ごすことができなかったのです」

日本が支えたインドネシア独立

私はさらに、インドだけではなく、インドネシアも例に挙げて、その独立への道のりを語った。インドネシアへの植民地支配もまた一五九六年と、日本では江戸の平和な時代が始まる数年前のことだった。

「インドネシアの植民地支配は、一五九六年、オランダが艦隊をインドネシアに派遣したことで始まりました。そして、この三百五十年におよぶ植民地支配が終わったのは一九四二年、日本軍の侵攻がきっかけでした。

実は、インドネシアには、白馬にまたがる神兵がやってきて、インドネシアの独立を助けてくれるという伝説があったようです。日本軍の侵攻は、伝説の神の到来を思わせました。

アメリカの政治学博士ジョージ・カナヘレは、『日本軍政とインドネシア独立』という著書で、日本の功績として次の四点を掲げています。

- オランダ語、英語の使用を禁止。そのために公用語としてインドネシア語が普及した
- インドネシア青年に軍事訓練を施した。それにより、厳しい規律や忍耐と勇猛心を植えつけられた
- オランダ人を一掃し、インドネシア人に高い地位を与え、能力と責任感を身につけさせた
- ジャワにプートラ（民族結集組織）やホーコーカイ（奉公会）の本部を置き、全国に支部を作って組織運営の方法を教えた

日本は第二次世界大戦でアジアの国々を侵略したとされていますが、侵略した国の青年に、どうして軍事教練を施すのでしょう。彼らの精神力を鍛え、高い地位を与え、民族結集組織を全国に造り、近代組織の経営方法を教えることがあるでしょうか。

この事実は、侵略し支配したのは日本ではなく、白人諸国であることを物語っています。日本は、それらの国々を独立させるためにあらゆる努力を惜しまなかったのです。

ジャカルタの中心には『独立』を意味するムルデカ広場があります。そこには、独立の英雄ハッタとスカルノの像とともに、ハッタとスカルノが直筆で署名した独立宣言書の実物が納められています。その宣言書には、独立の日として、『17・8・05』と明記されています。

この数字は、インドネシアで信仰されているイスラム暦でもなく、キリスト暦でもありません。実は、これは日本の『皇紀』で、一九四五年は、『皇紀』では二六〇五年にあたります。『皇紀』の元年は、日本の初代天皇とされている神武天皇が即位して建国をした年なのです。ハッタとスカルノは、日本に感謝して皇紀を採用したのでしょう。

インドネシア独立の生みの親は日本です。だからこそ、二人は、インドネシア独立宣言をするときの独立の日を、日本の『天皇の暦』によって祝福したのでした。

皆さん、こうした西欧の五百年におよぶ植民地支配は世界中で広く認知されていることです。我々は今日、植民地支配の禍の終焉をこうして集い祝福しています。日本は『日の昇る国』です。真に自由なアジアを求める皆さんと手を取り合ってゆきましょう。民主的なアジアの連帯を実現する重要な役割を、日本が果たすことを願っています」

私の基調講演は、聴衆の盛大な拍手で終わった。「日本人よ、自らの国の歴史と先人が示した崇高な精神と行動力に誇りを持て！」というのが、このスピーチにこめた私のメッセージである。

世界四大文明より長い歴史を持つ日本の文明

ちなみに私たちは、世界最古の文明はメソポタミア文明と教えられてきた。そして、それに次ぐエジプト文明、インダス文明、黄河文明の四つを指して、「世界四大文明」と呼んでいる。

ちなみに、メソポタミア文明は紀元前三一〇〇年ごろ、エジプト文明は紀元前三〇〇〇年ごろ、インダス文明は紀元前二五〇〇年ごろ、黄河文明は紀元前一六〇〇年ごろに誕生したとされている。

しかし、最近では、古代に起源する文明が数多く発見されていて、必ずしも、この四つの文明が世界最古とはいえなくなっている。日本文明もその一つだ。

日本文明の起源は、どこまでさかのぼることができるのだろうか。

まずは、小名木善行氏の著書『ねずさんの昔も今もすごいぞ日本人！』（彩雲出版）を参照してみよう。小名木氏は、大手の信販会社で営業成績トップの業績を挙げたのち、食品会社を立ち上げた人だが、二〇〇九年から「倭塾」の塾長を務めている。

さて、この著書には、群馬県で発見された「磨製石器」（打製石器）とされている「槍先形尖頭器」の写真が掲載されているが、これは約三万年前のものといわれている。「磨製石器」は、これまで知られている限りでは人類最古の石器だが、それがなぜ日本で発見されたのだろうか。

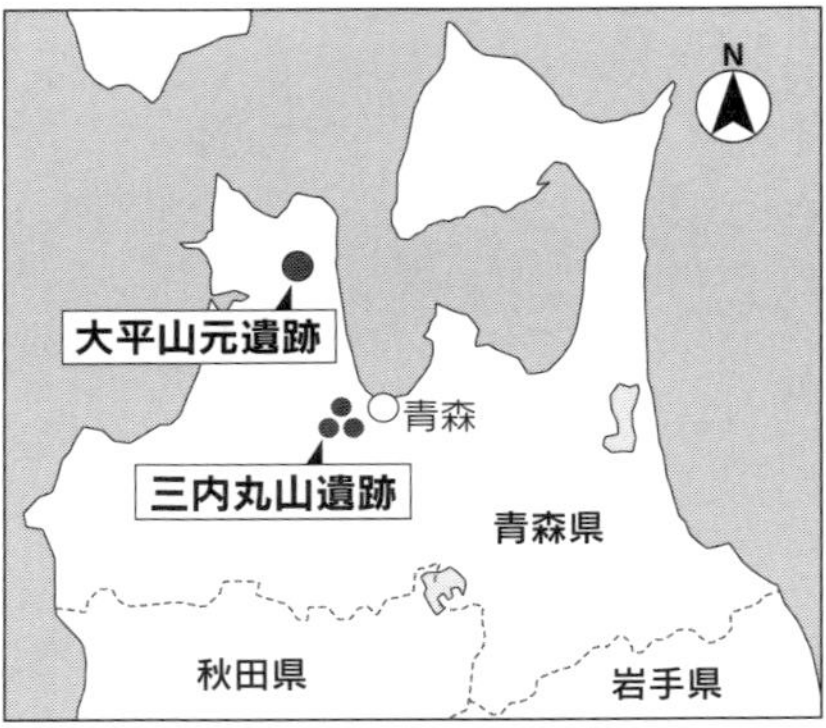

あるいは、土器にしても、日本列島では、一万数千年前から作られていたことがわかっている。

発見場所としては、二〇〇〇年に史跡指定された青森県の三内丸山《さんないまるやま》遺跡が知られているが、同じく青森県の大平山元遺跡で発見された土器は、放射性炭素年代測定法によると、約一万六千五百年前のものであることがわかった。これも、世界最古の例の一つになる。

また、二〇一三年に、イギリスと日本の共同研究チームは、北海道や福井県で土器を発掘したが、これは約一万一千から五千年前のもので、世界最古と思われる加熱調理の痕跡も発見された。

かつて、日本の最古の文化は、縄文文化とされるのが常識だったが、このように、太古の文明が存在したことを示す証拠が、縄文以前の層から発見されている。この事実は、日本文明が一万数千年前よりさらにさかのぼることを示している。

古代人が使用していた道具はさまざまで、どんな使い方をしたのかを考えるのも楽しいものだ。たとえば、まな板を台形にしたような形の石皿は、木の実をすりつぶすために使われたと思われる。これもどうやら一万数千年前のものらしい。

日本の古代は、悠久の平和の時代

また、日本の文明史を語る上で、縄文時代の遺跡から、戦争をするための武器がほとんど発見されていないことは、特筆に値する。もちろん、流血の抗争が皆無だったということはないだろう。

しかし、それを示す遺物がないということは、他の世界と比べて、流血の抗争が少なかったのではないかと思えるのである。

それにしても、一万年以上もの長い間、平和が続いた文明が存在することは、世界を見渡せば、想像を絶するほど珍しいことである。このことに気づいている日本人が、果たしてどれくらいいるだろうか。

縄文人は、山海の幸に恵まれ、鹿や猪やうさぎなど、多くの動物が生息していたために、狩猟や漁労も盛んで食べ物に不自由しなかった。だから、平和な時代を築くことができたのだろう。

こうした豊かな自然に恵まれていたからこそ、「和」を大切にする文化を育むことができたのである。

日本という国は、他の国とはまったく違った歴史を、太古から紡いできたのだ。島国である日本には、はるか縄文時代の昔から、他国との戦争が存在せず、豊かな自然に恵まれていたことから、熾烈な生存競争や部族闘争が存在しなかったのである。

平和な世界がまずはじめにあって、そこにはすでに「和」が存在していたのだ。これは近隣諸国との戦争の歴史を持つ欧米人にとっては、想像しがたい理想郷である。

それは、まるで『旧約聖書』の「創世記」に登場する「エデンの園」が存在し、そこにあったかのような世界観だ。

信じがたいことであるが、古代の日本には実際に「和の世界」が存在したのである。

その太古の平和な日本で、人々は他人を思いやり、他人の心を思い、慮《おもんぱか》って生きていた。

そしてまた、それを可能にする環境が、日本には存在していたのだ。

俳句や和歌で、日本人が「行間」に描かれた心情や情景を感じ取れるのは、そうした「世界観、精神性」を分かち合っているからこそなのだ。

こうした、深くて豊かな精神性こそ、世界から日本が尊敬される本当の理由だと私は考える。

とはいえ、一万数千年前といえば、聖書で描かれた世界とされる時代よりはるかに古い。西洋人が聞いたら、「そんなバカな!」と笑い飛ばすだろう。

しかし、先に挙げた遺跡からは、それを証明する物品がたくさん発見されているようだ。たとえば、三内丸山遺跡からは、千棟以上の住居跡が見つかっているという。三十五棟の高床式倉庫、十棟以上の大型建造物の跡もあるらしい。

その他、千六百点余の土偶、一万点以上の土器、その他、高度な技術で作られたさまざまな木製品、貝の装飾品、動物の骨や角で作った釣り針などが出土している。

その中には、ヒスイの加工品も含まれている。鋼鉄よりも硬く、高度な技術がなければできない、ヒスイを加工する技術を持っていたことになる。世界史の中で、日本文明以外にヒスイの加工技術を持っていた古代文明はマヤ文明くらいだろう。

しかも、ヒスイの加工品は、三内丸山遺跡以外にも、日本各地の遺跡から出土している。その一つ「ヒスイの大珠《たいしゅ》」は、驚くべきことに、六千年前のものとされ、世界最古の例となっている。つまり、日本は、太古の昔から、高度な技術を持っていたのである。

江戸時代に進化した日本文化

日本文明の歴史を語るとき欠かせないことは、江戸時代の文化を知ることである。なぜなら、古代からの文化や歴史が成熟し、「世界の手本」として認識できるのが江戸時代の文化だからだ。

世界の歴史を考えるとき、それはまさに「戦争の歴史」だった。人とは、本来欲張りなのだろうか、持っているもの以上のものを欲しがる。

そのため、戦争が絶えないのだろう。

だから、人間の世界に理想郷が存在することはありえない。その前提の上で、やや誇張していえば、江戸時代の社会はもっとも理想郷に近かった。

このようなことをいうと、他国の人はいうまでもなく、日本人までが、それを否定しようとする。武士は「斬り捨て御免」という、人を斬っても罪を問われない特権を持っていたなどという。

しかし、現実に、武士が斬り捨て御免をしたという話は聞いたことがない。前にも述べたように、身分が低くても能力次第で出世できたし、貧しい職人の息子が、大店《おおだな》の主人になれる可能性もあった。

しかし江戸時代、もっとも尊敬された職業はとび職だったと聞いたこともある。だとすれば、きっと職人も商人も、自分の生業に誇りを持っていたに違いない。

それもこれも、江戸時代が平和な時代だったからである。平和であれば、その文化を破壊されることもなく、成熟させることもできた。二百六十年もの間、平和な時代が続いた例は、世界のどこにも見られないのである。

というわけで、江戸時代は、当時の世界の中で、庶民がもっとも恵まれた社会がつくられていた。平和であれば、人々の心にも余裕が生まれる。

亡くなった漫画家で江戸文化研究家の杉浦日向子《すぎうらひなこ》さんは、長屋に住む貧しい庶民は、孤児や迷子を養うことの可能性を考えて、そのための備えをしていたといっていた。

あるいは「宵越しの金は持たない」というのも「持たないのではなく持てなかったのだ」という説もあるが、「お金がなくてもなんとかなるさ」という心の余裕のなせる業だったのではないだろうか。

こうしたことは、日本の「和の心」だけがもたらしたものではなく、平和を保てたことに、その理由がある。

日本列島が、戦争が絶えず続く大陸から、海によって隔てられていたことに加えて、江戸時代には中華帝国が日本に食指を動かさなかったのだ。

中国大陸の歴史とは「侵略の歴史」である。支配する民族が次々と入れ替わり、国の名前も変わっていった。

大陸では、アジアの「中原」（黄河中下流域にある平原で黄河文明などが興った）を舞台に、あらゆる周辺民族が、その大地の争奪戦を繰り広げてきた歴史がある。

中国四千年とか六千年の歴史とはいっても、それは日本のように「一つの国」の歴史ではない。

異なった民族が大地を争奪し合った歴史であり、それまでの王朝を否定し、強者が新たな国の支配者となる「易姓革命」の世界なのだ。

江戸時代にかの国を支配したのは清国だ。乾隆帝《けんりゅうてい》（在位一七三五～一七九五年）のときは、新疆《しんきょう》からチベット、ネパールまで領地を広げたが、日本には来なかった。

同じ時代、ヨーロッパでも、アジアでも戦乱が絶えなかった。その間に平和が訪れることもあったが、それは極めて短期間であり、しかも、支配階級は贅沢三昧、下層の庶民は、ひたすら惨めな生活を強いられていた。

だから、ユダヤ民族を除けば、教育を受ける余裕も、他人を顧みる余裕もなかった。ちなみに、ユダヤ民族が優れているのは、キリスト教徒から迫害されたために、同一文化を育み、徹底した頭脳教育を受けていたからといわれている。

こうした世界の状況の中で、江戸時代の日本人は、世界のどこよりも自由で豊かな生活を謳歌していた。犯罪率も驚くほど低く、教育水準も高かった。おそらく、あのころの世界で、日本ほど、人権が尊重されていた社会は他にないはずだ。

なぜ江戸時代に、日本は独自の文化を成熟させることができたのか。その答えを知る重要な鍵が『古事記』である。

「男女平等」の先をゆく日本文学

成熟した江戸文化を知り、『万葉集』に収録された女性の手になる和歌に触れるうちに、私は、日本を語るときには、『古事記』に収録された、日本の始まりにまでさかのぼらなければならないことに気づいた。

たとえば、先の戦争前から、女性解放運動家として活躍した平塚らいてう（らいちょう）は、雑誌「青鞜」を発刊するにあたって「原始、女性は太陽であった」と題する文章を寄せた。

太陽とは、もちろん、日本最古の歴史書『古事記』に出てくる天照大神のことである。日本という国家を生み出した一組の男女の神から生まれたのが天照大神という。太陽を神格化した存在だ。

このように、日本では、女性は太陽として崇められ、自立した精神を持って生き生きと活躍していたのである。神話とは、常に、その地の風土が反映されているものである。したがって、日本には、女性を社会の中心に位置づける風土があったに違いない。

七一二年に成立した日本最古の歴史書『古事記』は、『ふることとふみ』とも呼ばれたようで、私は、こちらのほうが日本の歴史書にふさわしい呼び名のように思える。『古事記』では、自然に恵まれた日本らしい国家誕生の歴史が語られていく。

こうした神話が生まれた背景に大自然の恵みを受けて暮らしてきた日本の風土がある。日本人は、大自然を神々として崇め、ときには畏れつつ、大自然とともに生きるあり方を選んできた。

日本列島を見つめると、世界の現代文明の最先端を走っている高度な文明国でありながら、その国土は七割近くが森林だという。

さらに、現在衰えているとはいえ、プラスして農地がある。日本列島全体に、こうした自然との共生空間が広がっているのだ。日本列島全体を「森の列島」、ある種の聖地、パワースポットと考えることもできる。

「神州《しんしゅう》」、つまり神々の宿る大地であり列島なのだ。

このように自然を崇める気持ちが、女性を崇める風土を生んだのではないだろうか。『古事記』の国生み物語は、男女の一対の神が「吾が身のなりあまれるところをもちて、汝が身のなり合わざるところにさし塞ぎて……」とあるように、二人の神が結婚して日本という国を生んだという物語になっている。

これと比較して思いつくのは、『旧約聖書』の「創世記」である。これは、神が世界をつくりだすところから始まる。つまり、天地ができる前から、神が存在しているのだ。ということは、「創世記」では、神はこの世の外の世界にいて、『古事記』では、神はこの世のうちにいるということになる。

また、『古事記』の神さまたちは、極めて人間的でもある。彼らは喧嘩もするし嫉妬もするし恋もする。たとえば、天照大神の弟である須佐之男命《すさのおのみこと》は、悪質ないたずらを仕掛けて高天原《たかまがはら》から追い出され、下界で八岐大蛇《やまたのおろち》を退治して救った娘と結ばれている。

日本人にとって、神はまるで同胞であるかのようだ。

私の日本観を深めた人々

私が加瀬氏を介して知己を得た、サンマリノ共和国駐日大使のマンリオ・カデロ氏は、一九六〇年代に初めて来日した。私のほうが在日期間は長い。というのも、日本に移住し、ジャーナリストとして活動し始めたのは一九七五年からだからだ。一九八九年からは、駐日サンマリノ領事を務めておられる。

二〇〇二年十二月、皇居で天皇、皇后両陛下に拝謁し、初代のサンマリノ大使としての信任状を受け取り、二〇一一年五月からは駐日外交団長として活躍している。

日本には、一五〇国あまりの国の大使が駐在していて、それぞれの国家を代表しているが、どの国の首都でも、駐在大使たちが外交団を形成している。外交団長は、人格が高く、見識の豊かな大使が務めることになっているから、マンリオ・カデロ氏はその両方を兼ね備えていることになる。

現在、サンマリノ大使としての日本駐在歴は、各国の駐日大使の中でもっとも長い。こうした経歴から日本をよく知る氏には、『だから日本は世界から尊敬される』（小学館）、『世界で一番他人にやさしい国・日本』（祥伝社）、『世界が感動する日本の「当たり前」』（小学館）などの著書がある。

外交団長は非常に忙しい。新任大使の表敬訪問を受け、大使たちからの相談の対応をし、宮中で国賓《こくひん》を招いて開催される晩さん会には夫妻で出席する。

天皇、皇后両陛下が海外を訪問されるときは、外交団長として空港でお見送り、お出迎えをする。

天皇誕生日には、新宮殿の大広間の豊明殿において、天皇、皇后両陛下と成年皇族の方々の前に、すべての大使とその夫人が並ぶが、カデロ団長はエリザベート夫人とともに、その御前で、陛下にお祝いの言葉を述べ、乾杯の発声をする。それから立食のパーティとなる。

二〇一二年の天皇誕生日には、

「今年は、日本最古の歴史書である『ふることふみ』が完成して千三百周年のよき年にあたります。今日の世界は、不幸なことに抗争が絶えません。願わくは、日本神話の理想が、世界をあまねく照らしますように」

と述べて、乾杯の発声をした。

これは、NHK総合テレビのニュースで取り上げられ、立食になってから、両陛下が夫妻のところへ来られて、天皇陛下が「すばらしい言葉を、どうもありがとう」と感謝され、皇后さまが「大使は、日本の歴史をよくご存じですね」とおっしゃったシーンが放映された。

氏の経歴を見れば、それもそのはずで、氏はカトリック教徒だが神道にも精通している。二〇一四年には、私財を投じて母国・サンマリノ共和国に、ヨーロッパ初の神社本庁所管の「サンマリノ神社」を建立した。

氏の言葉を借りれば、「神道は宗教ではなく、人が生きる道であってエコロジー」だということだから、キリスト教と競合しないということになるのだろう。

とはいえ、現在の日本に、『古事記』を読破した人は何人いるのだろう。手にした人でも、途中で挫折する人が多いようである。

しかし、『聖書』を読まなければ西洋人になならない西洋人と違って、日本人は『古事記』を読まなくても日本人でいられる。なぜなら、『古事記』は、こうあらねばならないということを教え諭すものではないからだ。

しかし私は、現代語訳でもいいので、『古事記』の、自然と結びついたおおらかな世界を味わってほしいと思っている。

私もまた、イギリス人の先輩である、バジル・ホール・チェンバレンによる『古事記』の英訳を手にとって、ページをめくってゆくうちに目が大きく開かれる思いがしたからである。

一八五〇年生まれのチェンバレンは、一八七三（明治六）年、お雇い外国人として来日し、東京帝国大学（現東京大学）などで教鞭をとった。私が生まれる三年前に、八十代なかばで死去している。
チェンバレンは、小泉八雲ことラフカディオ・ハーンとも交友があり、日本国歌『君が代』や芭蕉をはじめとする俳句や和歌の翻訳をした人物でもある。

万物が神であり、人間は自然の一部である

たとえば、日本庭園と西洋のそれを比べてみてほしい。日本庭園は、池や滝や木々が、あるがままの自然を切り取ったかのように造られている。しかし、西洋の庭園は、噴水などの人工物によって、自然にさからい、自然を征服したかのように造られていることに気づくだろう。

この違いは、日本が古来、自然崇拝の国であることから来ている。驚くべきことは、その自然崇拝が今日まで続いていることである。自然を拝む多神教「神道」が人々の生活に根づいているのだ。

西洋の宗教学では、自然崇拝は原始宗教であるとして、下位に見られ、一神教のユ

ダヤ教やキリスト教、イスラム教を「高等宗教」と考える。多くの宣教師が、彼らが未開地と考えた地に赴いたのも、現地の住民に高等な宗教を授けるため、それを使命と考えてのことだった。

しかし、この一神教が、世界に絶えることのない戦争や殺戮《さつりく》を繰り広げて、世界中に血みどろの歴史を刻み、今でも続いていることを忘れてはならないだろう。

一神教では、さらに自然の捉え方が日本とは大きく違う。自然の支配者として神が人間を造ったとしている。だから、人間は自然の所有者であって、自分たちのために自然をほしいままに使用し、ときには自然のことわりにさからってもいいと考える。

しかし、日本では、自然を所有物とは考えず、人間も自然の一部と捉えている。だから、万物を対等のものと感じるのだ。たとえば、「猫ちゃんいたよ、かわいいね」とか「ママ！　とんぼさん捕まえたよ」などという親子の会話である。人と同じように「ちゃん」や「さん」をつけるのは、日本くらいである。

私は、来日当時、テレビの料理番組で、料理の先生が「次においもさんの皮をむいて……」と言っているのを聞いてびっくりしたことがあるが、日本では、それも不思議ではないのである。

あるいは、日本の童謡には、

「みみずだって、おけらだって、あめんぼだって、みんなみんな、生きているんだ、友だちなんだ」（『手のひらを太陽に』）

とか、

「どんぐりころころどんぶりこ、お池にはまってさあ大変！　どじょうが出てきてこんにちは」（『どんぐりころころ』）

など、他の動植物を友だちであり仲間であると捉える歌がたくさんある。

また、針や人形なども、まるで人と同じように扱われ、「針供養」や「人形供養」のように神官や仏僧によって供養されるのだ。

神道では、自然界のものであれ、人工のものであれ、この世に生まれたすべてのものが「神」として尊ばれる。「八百万の神々」の八百万は、「多くの」という意味だが、万物に神が宿っているのだから、八百万という言葉を使っても不思議ではないだろう。

数多くの神々の中には、人々に技術をもたらしてくれた神もいる。神道では、穀物をつくる技を教えてくれる神、酒造りを教える神、木工・金工・石工・機織り・商い・漁労、薬の調合などを伝授してくれるさまざまな神がいるのである。

神々が対話によって決めごとをする国

日本の暦では、月の名前を「睦月《むつき》、如月《きさらぎ》……」と呼ぶが、十月のことを「神無月《かんなづき》」という。それは、毎年の十月、全国の神々が出雲に集まって会議をするという神話からつけられたものである。

すなわち、会議のために神々が不在になるので「神無月」というのである。ちなみに、神々が集まってくる出雲では、この月を「神有月《かみありづき》」といっている。

このように、日本では、古代から、話し合いで物事を決めてきた。アメリカは、戦後の日本に民主主義を教えたのは自分たちであるというが、それは大きな間違いだ。

欧米人が日本人と交渉すると、日本人が物事を決めるのに長い時間を必要とするのにいらだつことはよく知られている。しかし、もともと、日本の神々は、「神議《かみはか》り」といって、合議によって、方針を決めている。

太陽神である天照大神が、天の岩戸に隠れて、全宇宙が暗闇になったときも、八百万の神々は、慌てて集まって会議を開いた。

岩戸の前に雄鶏を集めて鳴かせるとか、肉体美の女神が滑稽な裸踊りを演じるとか、極めて人間的な案が試されたのち、ついに、外の出来事が気になって仕方がない天照大神が出てきて、世界に光が甦ったのである。

こうした日本神話には、「非科学的だ」と退けられないものがある。神道は、日本人の深層心理の反映だからである。

さらに時代が進んだ六〇四年、聖徳太子は、「憲法十七条」を定めた。その十七条には、「大事なことは、皆でよく相談して決めなさい」とある。これは、世界最古の民主憲法といえよう。これも、日本人の思想が反映されているのである。

江戸時代には庶民出身の多くの優れた学者が現れたが、その一人に二宮金次郎がい

る。二宮金次郎は、

「君《きみ》ありて、のち民あるにあらず、民ありて、のち君起こる。蓮《はす》ありて、のち沼あるにあらず」

と説いている。このような民主的発想は、同時代のアジアにもヨーロッパにもありえなかった。もちろん、二宮金次郎だけの思想ではなく、日本人なら誰でも、こうした思いを抱いていたのである。

だから、為政者に対する人々の批判も盛んだった。たとえば、賄賂政治で失脚した田沼意次《おきつぐ》の次に老中になった松平定信の厳しい財政改革に反発して、

「白河の清きに魚も住みかねて、もとの濁りの田沼恋しき」という狂歌が流行《はや》った。

また、幕末のペリー来航のときは、慌てふためく為政者たちを、「泰平の眠りを覚ます上喜撰《じょうきせん》、たった四杯で夜も眠れず」と揶揄《やゆ》している。上喜撰とは上質のお茶のことで、「蒸気船」とかけたのである。

日本の「和」を尊ぶ精神は、古代から現在に至るまで守られ続けてきた。

たとえば、昭和天皇が戦後間もない一九四六年一月に出された「新日本建設に関する詔書」は、長い間『天皇陛下の人間宣言』とされてきたが、昭和天皇は、実は、そう呼ばれることに違和感を持っていらっしゃったのだという。その違和感を吐露されたのが、昭和五十二年八月二十三日の那須御用邸での会見だった。昭和天皇は、かつて発表された詔書の最初に、明治天皇が出した「五箇条の誓文」を引用した点について言及し、

「……民主主義を採用されたのは明治天皇であって、日本の民主主義は決して輸入のものではないことを示す必要がありました」と述べられた。

仕事自体に喜びを見出す日本の神々

日本人は、勤勉なことで知られている。経済的な利益を追い求めているというよりは、働くこと自体に生きがいを感じているようだ。江戸時代には、武士も畑を耕すなど肉体労働に従事した。

その原点は、やはり神話にある。前述したように、神々が率先して労働に従事し、それぞれの仕事にいそしんでいるのである。

それに対して、中国や朝鮮では、肉体労働は下層民が行うこととされ、さげすまれた。支配階級の人間は、体を動かして汗を流すことを恥と思っていた。

さらに、西洋では、労働をまったく違う観点で捉えている。繰り返すようだが、聖書では、労働を神が与えた罰と考えるのである。「レイバー（labor）」という英語が、「労働」と「陣痛」の二つの意味を持つのは、どちらも、神が与えた罰だからである。

その罪とは、禁断の知恵の木の実を食べたことだ。

「神が造った最初の人間、アダムとエヴァは、禁断の知恵の木の実を食べたために、無垢な心を失い、裸の自分の姿を恥ずかしいと感じるようになってしまった。

恥を知った彼らは、イチジクの葉で局部を隠したが、その姿を見て掟を破ったことを知った神は、その罪をあがなわせるために、男のアダムに労働の苦しみ、女のエヴァに陣痛の苦しみという罰を与えた」

一神教徒は、罪が許され、つらい労働をしないですむ天国へ行くために神を奉っているのである。だから、一神教徒にとって、神々が率先して労働に従事している高天原を、天国だとはとても思えないに違いない。

人間は、古来伝えられてきた神話を背景にして日々を生きている。

私の故郷には、アーサー王の碑があり、私の父の名前が刻まれている。アーサー王は、六世紀のはじめに、ローマン・ケルトのブリトン人を率いて、サクソン人の侵攻を撃退した王であり、実在したかどうかの議論がいまだに続いている伝説上の人物である。

しかし、父は、アーサー王のいわば「神話」を大切なものとして顕彰した。その思いを私も継承している。アーサー王の物語は、国民の歴史であり「英雄譚《たん》」なのだ。

人々の精神は、そうした物語や神話によって育まれていくのだ。共同体の集合意識が昇華され、美意識や情緒となって共有されていく。日本ではそれは、何千年と断絶することなく代々継承されてきて、民族の宝となっている。

第二章

世界から尊敬される「大和心」

世界を感動させた『武士道』

日本人が英文で書いた本の中で、特に有名な三冊がある。
新渡戸稲造《にとべいなぞう》の『武士道』、内村鑑三《うちむらかんぞう》が著した『代表的日本人』、そして岡倉天心《おかくらてんしん》の『茶の本』だ。

中でも、日本人の精神的支柱を明らかにした『武士道』（*Bushido: The Soul of Japan*）は、発売後、たちまち世界的ベストセラーとなり、フランス語やドイツ語にも翻訳された。

アメリカのセオドア・ルーズベルト大統領をはじめ、欧米各国のリーダーたちにも深い感銘を与えた。

ルーズベルトは、子どもたちにも『武士道』を読むように薦めたという。

新渡戸が英文で『武士道』を書いたきっかけは次のようなものだ。

ベルギーの法学者、ド・ラヴレーの家を訪れたときに、新渡戸は「なぜ、日本人は学校で宗教教育を受けないのか。教師たちは、宗教を教えずに、どのようにして道徳を教えるのか」と質問され、答えることができなかったのだ。

新渡戸は、ラヴレーからの質問に対する答えを考え続けた。そして、十年の月日を経て、ついに『武士道』を英文で書き上げたのである。

新渡戸の『武士道』は、西洋的な価値観を踏まえて書かれたものだ。そのため、日本の武士道を解説した本としては西洋的に解釈されすぎているという人々も存在する。私が親しかった、作家三島由紀夫の周辺には、日本古来の武道の達人も数多くいた。彼らにとっては、もしかすると新渡戸の『武士道』論は、日本の武士道精神の核心を語るにはコンパクトにまとまりすぎていて、もどかしく感じられたかもしれない。

しかし、そもそも『武士道』は、日本人読者のために書かれていない。日本人の倫理、道徳の背景に対して関心を持つ欧米人に向けて英文で書かれたものだ。

欧米のように「キリスト教」的判断基準を持たない日本人が、どのような基準をもって、善悪を判断するかは、欧米人が日本人に対して長年感じていた疑問であった。

『武士道』は、西洋的な宗教倫理や、イギリスの騎士道精神を活用して、日本人の精神性を論じることで、欧米人の疑問に対し、非常にわかりやすい回答を示したのである。

「武士道」は、「シヴァルリー（chivalry）」という英語で表現されている。これは「騎士道」「騎士道精神」という意味である。

辞書を引くと、「理想的騎士の特質・行動・作法で、勇気・礼儀（特に女性や弱者に対する）・義侠心・忠義・敵に対する寛大さなど」と説明されている。

英文の『武士道』の書き出しはこの、「シヴァルリー」で始まる。

「武士道《シヴァルリー》は、日本を象徴する桜の花に勝るとも劣らぬほどに、日本の土壌に根差した華だ」

当時、この書き出しを見た欧米人は、仰天したことだろう。
「日本にも騎士道《シヴァルリー》があったのだ」と。

そして、さらに「一言でいえば」それは、「プリセプツ・オブ・ナイトフッド（騎士道精神の規律）」であり「ウォーリア・クラス（武士階級）」の「ノブレス・オブリージ（高貴な身分に伴う義務）」である、と堂々と論じていく。

これはかなり挑戦的な宣言だ。日本には、イギリスの騎士道《シヴァルリー》に勝るとも劣らぬ「武士道《シヴァルリー》」がある、という新渡戸の並々ならぬ気負いが感じられる。

本書が出版されたのは、一九〇〇（明治三十三）年のことだった。この時日本は、日清戦争に勝利した直後である。

極東の小さな島国が、瞬く間に欧米列強に対抗する大国へと台頭してきた時代だった。世界中で日本と日本人に対する関心が高まっていた当時、「騎士道」と並び称されるべき「武士道」と、日本人の精神性を世界へと紹介した新渡戸の功績は計り知れない。

新渡戸のうまさは、イギリス人なら誰でもが頷くような巧みな説明の仕方をしていることだ。

たとえば、イギリスの作家トマス・ヒューズの『トム・ブラウンの学校生活』で、少年トム・ブラウンが「小さな子をいじめたり、大きな子に背を向けたりするような人間ではなかった」として、トム少年の「立派な男の子であったとして名を残したい」という気概あふれる思いを紹介して、こう論じている。

「我々は、そんな思いは卒業してしまったかのように微笑むが、この決意こそ、その上に強靭で壮大な倫理体系を打ち立てるためのかなめの石である。そのことを知らないものはいない。トムの願いは、英国を偉大にしているかなめの石なのだ。そしてブシドーも、それより小さなかなめの石の上に立脚しているのではない」

イギリス人の騎士道精神と正面から対峙して、日本の武士道が決して劣るものではない。それ以上のものだ、といわんばかりの書きっぷりだ。

　武士道の徳目として、新渡戸がまず掲げたのは、「レクティチュード」あるいは「ジャスティス」である。邦訳『武士道』は、それを「義」と位置づけている。新渡戸は、本文で江戸後期の経世家・林子平《はやししへい》（友直《ともなお》）や中国の儒家・孟子《もうし》を引用している。その原文と照らしてみると、ここで新渡戸が語っているのは、「義」であることに間違いはない。

「レクティチュード」というのは、「真っ直ぐ」という意味だ。そこから、「正直（ライチャスネス）」、「方正」、「公正」などの意味が派生してきた。判断や手続きの正確さも意味する。

「ジャスティス」は、もちろん、西洋の道徳における七つの徳目の一つである「正義」を意味する。そこから派生して、「公正」、「公明正大」、「正当」などを示している。

　私が問題と思うのは、その「正義」の判断基準である。

「義」の正しさを判断する基準は、何に置くのか。その判断基準なのだ。

前述したように、欧米諸国では、聖書が正邪の判断基準となるのだ。

新渡戸は、何が正しく、何が正しくないかについては、ここでは明確にしていない。

ただ、孟子の「義は人の路なり」との言葉を紹介して迂回している。

「孟子によれば、要するに義（ライチャスネス）とは、人が失われた楽園を再び手中にするために必ず通過しなければならぬ、直《すぐ》なる、狭い道である」と説明しているのだが、これはユダヤ・キリスト教徒でない限り、意味がよくわからないのではないか。

多くの日本人は、クリスチャンではない。


聖書を読んでいれば、いわんとすることはわかる。しかし、逆に、多くの日本人は、「失われた楽園を取り戻す狭い道」といわれても、違和感を覚え、それが「大義」だといわれても、困惑するかもしれない。

日本には「失楽園」も「原罪」も存在しない

ここでいう「失われた楽園」とは、本書の第一章でも述べたアダムとエヴァの物語、つまり「エデンの園」のことだ。

ユダヤ教、キリスト教、イスラム教圏で伝わっている神話では、人類の祖先であるアダムとエヴァは、エデンと呼ばれる楽園に住んでいた。

しかし二人は、神が食べることを禁じた「知恵の木の実」を食べてしまったのだ。この罪のために、神は、アダムとエヴァを「楽園」から追放し、さらに罪に対する罰を与えた。

それが、男は労働すること。そして、女は出産の苦しみを味わうことだった。

もしアダムとエヴァが、罪を犯さなければ、人類は「楽園」で、永遠の命を与えられ、働くことも、子を産む痛みも感じることなしに、「幸福」に生き続けることができたのだ。

このくだりは世界的に、「原罪」として知られているが、この「原罪」のために、人類の祖先であるアダムとエヴァは、エデンの園を追放され、「永遠の命」を失って、運命として「死」を課せられたのだ。

キリスト教の一般的な考え方は、「人は、生まれたときから、『原罪』を背負っている。永遠の命は、『原罪』のために失われた」というものだ。

正しい信仰によって失われた楽園を取り戻し、「永遠の命を得る」ことが西欧社会では正しい生き方であると考えられている。

仏教にも、人として生まれる「業《カルマ》」がある。儒教にも、新渡戸が引用したように、人の持つ業と、そこから脱出する教えがある。ユダヤ・キリスト・イスラム教における「原罪」と似ている概念だ。

しかし、日本人の正義は「失われた楽園を取り戻す」ことではない。日本には「神道」という、太古からの信仰がある。

わかりやすく、ここでは日本のオリジナルの信仰である「神道の世界観」としておこう。

「神道の世界観」では、天国は、天皇によって地上にもたらされ、永久になくなることがないのだ。

「楽園が失われた」、「人は生まれながらに『原罪』を持つ」という世界観とは真逆の世界観ではなかろうか。

ユダヤ・キリスト・イスラム教の世界観は、一神教の創造主が、創造した世界とイコールだ。

我々も、大自然も、絶対神である創造主によって、創られた被造物なのである。すべての正義は、その世界観に立つのがユダヤ・キリスト・イスラム教徒のあり方だ。だからこそ、その神の教えに背くことが「罪」であり、「悪」なのだ。そして「義」とは、神の教えに立ち返り、失われた楽園を取り戻すことなのだ。

ところが、神道は、そのような世界観を持っていない。

日本人には、楽園が失われた歴史も、人類の祖先が罪を犯したために、今二十一世紀に生きる我々も引き続き、その罰を受けているという認識も、まったくない。

欧米人である私からすると、これほどまで精神的に自由な日本人が、とてもうらやましく感じる。

「義」「勇」「仁」の方程式

「勇気は、義によって発動されるのでなければ、徳行の中に数えられる価値はない」と新渡戸は論じた。

新渡戸は、「死に値しないことのために死ぬことは『犬死』とされ、勇気は心の穏やかな平静さによってあらわされる」と語っている。

危機や死に直面してもなお平静を保ち、詩を吟じることができる立派な人物は尊敬される。そして、そのような余裕を持つ人こそが、「勇」の徳を持つ人なのだと、解説する。

生きようが、死のうが、正義を貫く。「義」を貫く。一貫して堂々とした姿であり続けるのが「勇」だといっているのではなかろうか。

きっとそれは、生死を超越したような境地だろう。

そして、その「勇」が、そうした高みに達していることが、「仁」をもたらすと、新渡戸は解説する。

「ベネヴォレンス」という表現で、新渡戸は「仁」を語った。

「ベネヴォレンス」とは、他人への善い行い、他者に対して尽くす心を意味する。日本語では、「博愛」「慈悲心」「仁愛」、もしくは「善行」「喜捨」などと訳される。

仁は、「高貴な精神が持っている性質の中で、もっとも王者らしいものであり、王者にこそもっともふさわしい徳」であると、新渡戸は説明している。

義や勇が、より男性的な強さであるのに対して、仁は「優しく、母のような」徳だ。

これら二種類の徳が表裏一体を成してもいるのも武士道の姿だと新渡戸は言い、さらに、

「もっとも剛毅なる者は、もっとも柔和なる者であり、愛ある者は、勇敢なる者であるというのは、普遍的な真理である」と論じる。

日本人が「武士の情け」と言う場合、それは単に情に流されることではない。新渡戸曰く、「サムライの慈悲が衝動的にではなく、正義に対する適切なる配慮を認めていることを意味している」のであり、「またその慈悲は、単にある心の状態の姿というのではなく、生かしたり殺したりする力を背後にもっていることを意味している」のである。

新渡戸の解釈では、「武士は、武力や武力を行使できる特権を誇りにしているが、同時に、孟子の説く愛の教えをも踏まえている」ものでもあるのだ。

日本人の「礼」とは何か

また新渡戸は、「ポライトネス」という英語表現で日本人の「礼」とは何かを解説した。

「ポライトネス」は名詞で、形容詞の「ポライト」は「（態度や言葉が）丁寧で礼儀正しい」こと、あるいは「上品な」「教養のある」「洗練された」様子を意味する。

新渡戸は、「礼」のあり方について次のように述べている。

「礼は、品性をそこないたくないと、そういう心配からではなく、物事の道理を当然のこととして尊敬することから表現される。他人への思いやりを、目に見える形で表現することで、それは社会的な地位を当然のこととして尊重するが、金銭上の地位の差ではない。礼は、その最高の姿として、ほとんど愛に近づく」

そして、「礼」と対をなす「誠」については、「ヴェラシティー」と「シンシアリティー」という表現を使いながら、次のように語る。

「ヴェラシティー」は、正直さ、真実性を意味する。正確さという意味もある。いい加減なことを言ったり、不審を感じさせたりするようでは、ヴェラシティーに欠けるのだ。

一方の「シンシアリティー」は、真心とか、誠実さ、裏表のないことを意味する。手紙などの結辞で、「シンシアリィー」と書く。これは、「誠意を込めて」という意味合いだ。

新渡戸は、「礼」は、ヴェラシティーとシンシアリティーを欠けば、「道化芝居か、見世物のたぐいにおちいる」と述べる。至誠は広々として深厚であり、しかも、はるかな未来にわたって限りがない性質を持っている。そして意識的に動かすことなく相手を変化させ、また意識的に働きかけることなく、自ら目的を達成する力をもっているのである。

「誠」という漢字は、「言」が「成」と書くと説明し、孔子の論や、新プラトン学派のロゴス説までを引きあいに出して説明するのである。

「有言実行」「知行合一」を引き合いに出しているのであろう。孔子が熱心に説いた「誠」の説明だという。

しかし、そもそも「真・善・美」というような抽象概念は、日本人があまり得意とするところではない。日本人の倫理感とは、「直《すなお》であること」「正直であること」「優しく、思いやりがあること」といった、素朴なものだ。

新渡戸は、まるで一神教の真理を解くかのように、かえって武士道を複雑にしている部分もある。

しかし新渡戸の時代には、西洋の科学文明が優れており、アニミズム（自然界の万物それぞれに、固有の霊が宿るとする信仰）のような自然崇拝は、低級な信心と位置づけられていた。

こうした背景があったからこそ、新渡戸は武士道をできるだけ崇高な哲学として、西洋世界に紹介しようとしたのではないだろうか。

そして、「名誉」についても、新渡戸の語る次のくだりは興味深い。

「今日、honour の訳語とされている名誉という言葉は、自由に使われることはなかった。だがその観念は『名』『面目』『外聞』などの言葉で表されていた。これらのことばは、それぞれ聖書で用いられる『名（ネーム）』、ギリシアの仮面から生まれた『人格（パーソナリティ）』、そして『名声（フェイム）』を、私たちに連想させる。（中略）『人に笑われるぞ』『体面を汚すなよ』『恥ずかしくはないのか』などという言葉は、過ちを犯した少年の振る舞いを正す最後の切札であった」

「真・善・美」などという抽象概念ではなく、日本の精神は、宝塚歌劇団のモットーにもある「清く　正しく　美しく」のように、ある意味単純なことなのだ。新渡戸は、そのことをよく理解していた。とはいえ、それを西洋世界の価値体系の中で、価値あるものと受け入れさせるには、難しい抽象概念を駆使して、説明せざるをえなかったのだろう。

また、「デューティー・オブ・ローヤリティー」は、「忠義」の新渡戸訳である。

アメリカ人教師のウィリアム・エリオット・グリフィスは、一八七〇年に福井藩の招きにより来日し、藩校「明新館」で教鞭をとったが、アメリカへ帰国後に、母国へ日本を紹介する本を出版している。

新渡戸は、グリフィスが本の中で、「中国では儒教の倫理は、父母への従順を人間第一の責務としたが、日本では忠義が優先された」と言及していることを指摘し、「正しい」と認めている。

外交評論家の加瀬氏は、先に述べたホテルニューオータニで毎週早朝から行っていた勉強会で、その点に関して次のようなことを述べていた。

「中国でもっとも大切にされたのは、『孝』であるが、日本は、その上に『忠』をつけて『忠孝』とした。

たとえば、親が亡くなったら、どんなに大切な仕事でも投げ出して葬儀に駆けつけることが徳となるのが『孝』である。しかし日本では逆に、親の死に目にあえなくとも、大切な仕事や任務があれば、個人的な理由で仕事や任務を離れないのが、「公」を大切にする日本人の精神だ」

そして加瀬氏は、どこに重きを置くかを基準に、中国の「孝」をファミリー、日本の「忠孝」をパブリックと翻訳して、両国の価値観の違いを語った。実に面白い観点だ。

公を最優先する日本人

日本人は昔から、「個人よりも公」を大切にしてきた。新渡戸は、「忠義」について、次のように論じている。

「私たち日本人が考えている忠義は、他の国ではほとんどその信奉者を見出すことはできないだろう。そのことは、私たちの考えが間違っているからではない」

日本の文化に接すると、「国際的」という基準が、いかに洗練されていないものであるかがよくわかる。

国際的には認められていなくても、日本社会には、すばらしいシステム、伝統、文化、慣習がある。

日本人の気高い精神がどこから来るのかといえば、それは、「自分自身よりも、他者を優先させる」ところだと私は思う。

強欲な独裁者や私欲の塊のような指導者に、我々は「徳」を感じない。しかし、世界史を振り返ってみると、そうした欲望、私欲を断ち切れない者たちの、何と多いことだろうか。

中国では孔子や孟子が教えを説いた。それにもかかわらず、個人の欲望を克服できた人物は、果たして存在するだろうか。

もちろん、日本にも私欲に満ちた人間は、数多く存在したに違いない。

それでも日本人には、どこか個人的な欲ばかりを追求することに、「罪悪感」すら感じているのではないかと感じるところがある。

本書の読者にも、「公」とか「会社」のために「滅私奉公」したとしても、欧米や中国のように、個人や一族が、莫大な財産を隠してためこむことには、どうも精神的な抵抗がある人が多いのではなかろうか。

「武士は食わねど高楊枝《ようじ》」ではないが、「清貧」すら尊ばれる土壌が、この国にはある。それは国民性といっていいほどに、ゆるぎないものだ。

一概にはいえないかもしれないが、それはこの国が、天皇という稀有《けう》な存在を、ずっと歴史を通して戴いてきたからではなかろうか。

天皇の存在が、他の武家の指導者にも、影響をおよぼしているのだと私は感じている。

「義理」の尊さ

日本は、民族国家でもある。最新のＤＮＡの研究結果では、日本人のベースの遺伝子は、アイヌから沖縄の人々まで、日本人全体が同じＤＮＡを共有している。その日本民族の共通項となるＤＮＡは、中国人、朝鮮人とも異なる。

そして日本人は、「国家」という言葉が示すように、「国」を、天皇を家長とする「家」のように捉えている。そこにあるのは、「親子関係」のようなものだ。個々の家族ではなく、民族共同体としての「族」を、大きなファミリーと無意識のうちに感じるようになっているかのようである。

そうした日本の「家族」のような「国家」のあり方と対照的に、古代の都市国家は、契約社会だった。

都市の市民は、その都市の市民として暮らす条件として、命を懸けて自分の所属する都市国家を守る契約を結んだ。これが、いわゆる「市民権」である。

『武士道』で新渡戸は、果敢にもアリストテレスを例にして、かのアリストテレスが主張したように、「個人よりも国がまず存在すると考えている」と、論じている。

しかし、私はこの比較には大きな違和感を抱く。

日本でも、「国は、個人よりも先に存在した」のはたしかだ。日本という国は、市民が議論を通して、憲法をつくり、国のあり方を決めたのではない。

しかし、アリストテレスの生きた、古代ギリシアの都市国家は、「市民権」を得るための条件によってつくられた、契約の世界なのだ。

両者はまったく別物ということがわかるだろう。

日本で大切にされるのは、「ケイヤク」ではなく「ケチミヤク」である。

「血脈《けちみゃく》」とは、血筋である。同じ血、同じＤＮＡを分かち合うファミリーなのだ。

この「家」という感覚、「ファミリー」という感覚が、日本ではとても色濃く出ているように思う。

少なくとも、私が来日した当時は、「日本株式会社」は、巨大なファミリーのようだったし、それぞれの企業グループも、「ケイレツ」を同じ一家と捉える「企業ファミリー」のように感じられたものだ。

結婚した女性が「家」に入るように、日本の男性は会社に入社して、会社という「家」に入るのだ。

そして「家」には、「しきたり」がある。

もっとも、「転職」が盛んになってきた今の日本では、そうした観念も薄れつつあるかもしれない。

大きな「家」、つまり「公」のために命を懸けることは、奴隷になることではない。

それを新渡戸は、『武士道』で次のように論じている。

武士道は、私たちの良心を、主君や国王の奴隷として売り渡せとは命じなかった。

おのれの良心を、主君の気まぐれや酔狂、思いつきなどの犠牲《いけにえ》にする者には、武士道の評価は極めて厳しかった。

そのような者は「佞臣《ねいしん》」、すなわち無節操なへつらいをもって主君の機嫌をとる者、あるいは「寵臣《ちょうしん》」すなわち奴隷のごとき追従の手段を弄して主君の意を迎えようとする者として軽蔑された。

主君と意見がわかれるとき、家臣のとるべき忠節の道は、ケント公（シェイクスピアの『リア王』に出てくる人物で、自らの命を賭して、王の末娘コーデリアを弁護して追放された）がリア王を諫めたように、あくまで主君のいうところが非であることを説くことであった。

もしそのことが受け入れられないときは、サムライは自己の血をもって自分の言説の誠であることを示し、その主君の叡智と良心に対して最後の訴えをすることはごく普通のことであった。

生命はここに主君に仕える手段とさえ考えられ、その至高の姿は名誉あるべきものとされた。

サムライのすべての教育や訓練は、このことに基づいて行われたのである。

私は、新渡戸の『武士道』のこのくだりを読んだときに、ふっと、三島由紀夫のことを思った。

市ヶ谷の三島事件

私が初めて三島を見たのは、一九六六（昭和四十一）年四月十八日だった。その日、三島は皇居前の馬場先門にあった外国人記者クラブ（日本外国特派員協会）の昼食会のゲストとして招かれた。

当時の三島は、すでに、いずれノーベル賞をとるとの呼び声が高い、押しも押されもせぬ文豪であった。

私が所属していた外国人記者クラブが三島を招いたのも、それが理由だった。AP通信の東京特派員だったジョン・ロドリックが、当時はクラブの会長で、司会を務めた。

私は当時、「フィナンシャル・タイムズ」の東京支局長だった。ただそのときは、私は三島と握手することもなく、直接会って単独取材をしようとも思わなかった。私の担当は経済だったからである。

その後、私は「ロンドン・タイムズ」に移って、東京支局長となった。世界屈指の日刊紙の日本の代表という立場で、私から三島の大田区南馬込の自宅に電話を入れ、取材を申しこんだ。

それが三島と私の初対面だった。そのとき三島は、昭和天皇を除いて、世界でもっとも有名な日本人になっていた。

私は、東京支局長として、そんな三島に会っておきたかったのだ。

三島のことについては、これまで何度も本に書いてきた。三島と私の関係については、そうした本を読んで頂きたい。

本書では、三島由紀夫の自決について、これまで述べてきた武士道精神の観点に絞って、私の今の思いを伝えておきたい。

三島事件について、前述の加瀬氏は批判的だ。

文藝春秋社の雑誌「諸君！」に、「自衛隊の市ヶ谷駐屯地で卑劣にも、武人である総監を騙して縛りあげた。真面目にクーデターを企てたのだったら、六本木の防衛庁の長官室を占拠すべきだった」と、書いている。

たしかに、総監を騙したのは卑劣であったかもしれないが、三島由紀夫の「大義」からすると、「嘘も方便」程度のことだったのかもしれない。三島は、目的を果たすことに使命感を抱いていた。

三島は、自衛隊の市ヶ谷駐屯地で、バルコニーに立って一堂に会した自衛官たちに決起を促した。

檄文《げきぶん》をバルコニーから撒《ま》いたが、その檄文で三島は、自衛隊をアメリカの「傭兵《マーセナリー》」

と呼んだ。

「傭兵」とは、金で雇われた兵士のことだ。フランス外国人部隊は、金で雇われたヨーロッパの傭兵だ。兵としてプライドがあったら、そんな侮辱を許せないだろう。

三島は、そのような言葉づかいをあえてすることで、自衛隊員を挑発したのだ。

その目的は、目の前の自衛隊員ではなく、未来の日本人を、覚醒させるためだったのではなかろうか。

三島の行動は、蛮行だったのか？

三島事件は、一九七〇（昭和四十五）年の十一月二十五日に起きた。

それは世界史的にも、もっとも綿密に計画された、用意周到な自決だった。

ノーベル賞候補者にもなる稀代の作家の才能と知性とを駆使して、三島はまるで小説を書くかのようにシナリオを書き、それを現実の行動として実現してみせたのだ。

三島は当時四十五歳。年々歳をとっていることを自覚していたことだろう。

私は三島の自決に至るシナリオは、『豊饒《ほうじょう》の海』四部作の著述と、同時進行で進んでいたと思う。『豊饒の海』の執筆と共に死へのシナリオが始まり、四部作の最後の作品『天人五衰』を事件の当日の日付で筆をおいている。

三島の思いは、檄文に示されている。それは遺言であり、遺作でもある。命と引き換えに、三島がこの世に残したメッセージなのだ。檄文で三島は、こう告げる。

「我々楯の会は、自衛隊を父とも兄とも思ってきたのに、なぜこのような忘恩的行動をあえてしたか。それは、我々が自衛隊を愛するがゆえだ。自衛隊には真の日本の魂が残されている。

我々は、自衛隊が戦後日本の指導者によって利用されるのを見てきた。自衛隊は、自らの存在を否定する平和憲法を守るという屈辱の軍隊になり下がった。

このねじ曲がった状態を打破すべき機会は、永遠に失われた。一九六九年十月二十一日、佐藤首相訪米反対デモに対し、自衛隊は治安出動し、それによって建軍の本義を明らかにし、憲法改正を要求すべきだった。

チャンスは永遠に去り、国家の誇りは失われ、自衛隊は違憲のまま認知されることになった。
日本の真の魂は、どこへ行ったのか。天皇を中心とする日本を守るという自衛隊は永遠にアメリカの傭兵として終わるであろう」

三島の檄文の最後の部分は、以下のようだった。

「日本を日本の真姿に戻して、そこで死ぬのだ。生命尊重のみで、魂は死んでもよいのか。生命以上の価値なくして何の軍隊だ。今こそわれわれは生命尊重以上の価値の所在を諸君の目に見せてやる。それは自由でも民主主義でもない。日本だ。われわれの愛する歴史と伝統の国、日本だ」

市ヶ谷での事件直前の三島は、右翼にも、政治家にも、期待していなかった。
三島は伊豆の下田でよく夏を過ごしていた。ある日、元総理の中曽根康弘氏が、下田に滞在中の三島に電話をしてきた。
それは東京の後援会での演説の依頼だった。三島は、その申し出を断ったようだ。

当時、三島は政治家への信頼をまったくなくしていた。選挙演説では、「命がけでやります！」などと訴えるが、実際に命を捨ててまで、政策を実行するような政治家はいなかったからだ。三島は、政治家を無価値な連中だとも思っていた。

政治家は結局何もしないし、できない。自分の身を犠牲にして、大義を果たす政治家などいないと、切り捨てていた。

三島からすれば、命を捨てる覚悟など、誰も持ち合わせていなかった。三島とともに決起しようという政治家は、誰もいなかった。

石原慎太郎についても、三島は同様に考えていた。プレイボーイで、油壺《あぶらつぼ》でヨットに興じているのが、お似合いだった。背が高くハンサムで、魅力的だったが、ポピュリストだった。三島は石原が書くことに専念することを期待していたが、石原はテレビに出て人気取りに忙しかった。

私は、三島から直接、「『楯の会』をつくろうと思ったのは、『英霊の聲《こえ》』を書いてからだ」と、言われたことがある。天皇を中心とする国体、その国体を守るのが「皇軍」としての軍隊である。

三島は多くを語らなかった。語るよりも、命を捨てる行動で、命よりも大切なものの存在を、訴えた。稀代の文章力を持つ三島が、言葉ではなく、自らの命を捨てることで表現した。そうすることでしか、表現できなかったのだ。

三島は、決して聖人君子ではない。俗な人間でもあったし、西洋かぶれの男でもあった。

しかし、命を賭して、憲法に体当たりをし、自決した三島由紀夫は、武士道精神を語る多くの人間よりは、武士道精神を実行してみせた男だったのではなかろうか。

自らの命を捨てて訴えた、三島の思いは、軽々に批判することはできない。

第三章

日本人はなぜ、この国を愛せなくなったのか

戦後の日本人が愛国心を失った理由

私がもっとも残念に思うのは、戦後の日本では現在にいたるまでずっと、「愛国心＝悪」とされてきたことだ。

前述の三島もまた、こうした戦後の日本人のあり方に深く落胆していただろう。

日本と日本人は、世界でもたぐいまれな文化と精神性を持っているのに、そのことに当の日本人が気づけないでいるのが、私は大変残念でならない。

たとえば国会議員は、どこの国でも愛国心を持っている。当然のことだ。政策に関して、さまざまな見解の違いはあっても、愛国心を否定する国会議員はいない。

ところが、戦後の日本では、「愛国心」という表現を使うこと自体が、タブーとされてきた。

これは国にとって不幸なことだと私は思う。「国にとって」というのは、「国民にとって」と同意語だ。国家と国民は、対立概念ではない。

日本という国に、愛を持てない。

国は、「市民」の敵であり、打倒すべきものだと、いわんばかりだ。

では、なぜ、愛国心を持ってはいけないのだろうか。

根底にある、「愛国心＝悪」という「定説《テーゼ》」は、どのようにしてつくり上げられたのか。

思えば「国を背負って」とか、「日の丸を背負って」というのも、禁じられた表現だった。

もっともこちらの表現は、東京オリンピックへ向けて、このところ若いスポーツ選手たちが各方面で活躍しているので、少しずつ禁忌が緩和されてきているようである。

そもそもメディアの中には、「国民」という言葉を使うこと自体を、躊躇したり、あえて避けようとしたりするようなテレビ局や新聞社が存在する。

そうしたテレビ局や新聞社は、「市民」という表現を使うからすぐわかる。

「市民」は、国と対決する存在と位置づけられ、「愛国心＝悪」の定説を肯定するのに都合がいいのだ。

「市民」という表現を多用する放送局や新聞社は、実は、「国民」という表現を使いたくないのだ。


笑ってしまったのは、日本の「国民」という表現は使わず「市民」といつも報道するテレビ局が、「アメリカ国民」と字幕をつけていたという話を、翻訳者の藤田裕行氏に聞いたときだ。

アメリカは、本来なら「市民《シティズン》」とするのが正しい。

なぜ、これほどまでに、一部の日本のメディアや日本人は、自分の「国」を仰ぎ見ることを嫌悪するようになってしまったのか。

なぜ素直に、「国」を愛せないのか。

なぜ、「愛国心」を持たないことが正しいことのような態度を取り続けるのか。

日本人は「反社会的勢力」と聞くと恐れおののく。

しかし、「反国家勢力」も、同じように深刻な問題として捉えるべきではないだろうか。

本来のメディアは「反国家」ではない

政府を監視するのがメディアの本来の役割だ。それは、正しい姿勢だ。私も、ジャーナリストとして、そうあるべきだと常々思っている。

政府を監視するメディアの役割は、政府が「国民の利益」をしっかりと担って国家の運営をしているか、そのことを監視することにある。その役割をメディアが果たすには、愛国心が不可欠なのだ。

メディアが「反国家」であるとするのは、間違いだ。

本来メディアは、「反国家」ではない。

政府の広報部門になってしまってはいけない。しかし、反国家であることがメディアの存在意義であると位置づけることも、間違っている。

国家がしっかりと運営されているかを、国を愛するゆえに、国民の利益を思うがゆえに、チェックするのがメディアの使命なのだ。

こうしたいびつな精神構造の背景には、いわゆる「東京裁判史観」がある。連合国が身勝手な「勝者の裁き」で、日本に「犯罪国家」というレッテルを貼ったのだ。

しかし、「日本＝悪」という定説誕生の兆しは、戦前から存在した。

平和を望んでいた日本を、戦争に引きずりこんだのは、アメリカのルーズベルト大統領、ソ連のスターリン、そしてイギリスのチャーチル首相だった。

特にアメリカは、蔣介石の国民党政府と癒着して、日本を中国の利権から排除したかった。その思惑に、アメリカの親中派が便乗して、「日本＝悪」というイメージをつくり上げたのである。

さらに、ルーズベルト政権は、謀略ともいうべき手法で対日戦争を開始した。その背後で暗躍していたのが、アメリカで影響力を持ったコミンテルン（共産主義政党の国際統一組織）の「エージェント」たちだった。

こうした勢力が一丸となって、「日本は、侵略戦争を起こした犯罪国家だ」というレッテル貼りを、戦前から行っていた。

私は、そんなレッテルは「幻想」にすぎないことを、こうした本を通じて、日本人に伝えたいと思っている。

日本が本当はすばらしい国であるという誇りを、日本の将来を担う若者には、しっかりと持って頂きたいのだ。

私がこの十年余、本書のような著作を通じてずっと訴えてきたことは、「日本人よ、愛国心を持て！」ということだ。

私も反日プロパガンダの洗礼を受けた

そういう私自身も、実は、イギリスにいたころには、こうした「反日イメージ」にどっぷりと浸かっていた。

そのため、来日した当初は、私もその洗礼の影響を受けていた。日本は、侵略戦争を始めた「戦争犯罪国」だと、疑いもなく思っていた。

イギリスをはじめ西洋諸国は、アジアや、オーストラリア、南北アメリカ、アフリカをはじめ、世界中を植民地にしてきた。イギリス側の史観に立てば、大東亜戦争を始めた日本は、「白人至上主義の平和な世界」を脅かす、とんでもない「武断国家」で、最悪の敵だった。

インドにおける、東インド会社の設立から始まって、何百年も植民地支配をしてきた東アジアの領土を、日本が一瞬にして奪ってしまった。まがいもなく、イギリスにとって、日本は侵略者だ。

オランダにしたところで、「香料諸島《スパイス・アイランズ》」と呼ばれた「蘭印（蘭領印度）」を、瞬く間に日本に占領された。オランダにしても、日本は侵略者だ。

西洋がアジアに所有していた植民地は、日本によって、すべてひっくり返されたのだ。

インドネシアという名は、独立運動の指導者だったハッタとスカルノによる造語だ。日本の力によって独立するまでは、世界に「オランダ領東インド諸島」として、知られていた。

イギリスにとっては、大英帝国を滅ぼした「犯人」が日本なのだ。その日本と日本人に対する非難は、戦中、戦後にわたって圧倒的なものがあった。イギリスにおける日本と日本人のイメージは、野蛮で、残忍なものであり続けた。

一方、戦前・戦中の日本では、アメリカやイギリスが「鬼畜」だった。

戦前から戦後のイギリスで、当時の私は圧倒的な「鬼畜日本」という報道の中にあった。このため、「鬼畜日本」というイメージの中で、育っていった。

メディアも連日、そうした記事を報道していた。

私が八歳ぐらいだったころから、日本軍が捕虜を虐待したなどと、新聞報道によって刷りこみが為された。ちょうど、極東国際軍事裁判が行われていた最中だったので、報道が過激だったように記憶している。

ただ、私の両親は、親日だった。だから私は、両親からは、そうした教育を受けた経験がない。

おそらく、それが、日本と日本人を素直に見つめることができるようになった背景だと思う。

父は、日本へのノスタルジーを持っていた。

父は二十五歳で母と結婚したが、そのころに、名古屋の大学から、古典の教授にならないかという誘いがあった。父は、ギリシア語、ラテン語を専門にしていた。

一九二〇年初頭に、父は母に名古屋に行きたいと話した。故郷は牛や羊ばかりで変化に乏しかったから、一生、イギリスで過ごそうとは思っていなかったようである。

当時は、対日関係も良好だったため、父は家族を連れて、日本へ行きたかったのだろう。

家庭は親日だったが、私の育ったころの社会環境は、異なった。戦後の一九四五年ごろから、日本の残虐行為が報道されるようになった。「バターン死の行進」とか、収容所での虐待が取り上げられた。

それから日本について報道されるたびに、必要以上の異常な残虐性のイメージが、取り沙汰された。

私自身が日本の真実を知るきっかけとなったのは、十五歳のときに、ローレンス・ヴァン・デル・ポストが書いた『A BAR OF SHADOW』という小説を読んで、強い衝撃を受けたことだった。

舞台は、ジャワの収容所で、日本人軍曹のハラが捕虜を日本刀で斬り殺すというストーリーだ。

当時、ヴァン・デル・ポストはイギリス軍将校で、収容所で収容者のリーダーとなった経験があった。小説の中でヴァン・デル・ポストは、戦後の戦勝国による裁判について、「我々は日本人を裁判にかけて、処刑する権利を有しているだろうか」と主人公に訴えさせて、捕虜を不当に殺害し、戦時国際法違反をしたハラを救うのだ。

この小説でも、日本人は残虐に描かれている。それは、当時のイギリス人の率直な感情だった。「こういう残虐で、暴力的な日本人だったから、軍事侵攻し、平和を謳歌していた大英帝国を侵略し、平和を愛する我々を暴力で屈服させた」と、戦争を正当化したかったのだ。

日本人なら、日本兵を野蛮に描き、イギリス人将校を人道的な紳士としていることには、憤慨することだろう。

しかし、日本人を糾弾する世論しかない中で、「我々は日本人を裁くことができるのか」という問題提起をしたヴァン・デル・ポストのこの小説には、大変な衝撃を受けた。

チャーチルの耐えがたい罵詈雑言

あるとき、ウィンストン・チャーチルが妻とやりとりした書簡を読んで驚いた。日本人について、さまざまなエピソードが書かれているが、許容範囲を逸脱した差別的表現で日本人を侮蔑していた。

イギリス人から、そのような醜い言葉が発せられたのを耳にしたことはない。罵詈《ばり》雑言《ぞうごん》というか、これでもかと貶める表現を使っていた。

戦争では、誰もが敵に対して怒りを抱いて、感情的になる。しかし、チャーチルの言葉づかいは、その範疇を逸脱していた。

チャーチルがそこまでひどい言葉で日本を罵った背景には、当時の植民地支配の状況がある。数百年にわたって栄華を極めた大英帝国――日が沈むことはないと形容された――その版図が、あろうことか東洋人たちによって、一瞬にして崩壊させられてしまったという悔しさと、怒りがあったのだろう。

第二次世界大戦を戦った世代には、そうした根深い怨念が、日本人に対してあった。「フィナンシャル・タイムズ」社で私の上司だった論説主幹のゴードン・ニュートンも、そうした一人だった。彼は私を日本に派遣して「フィナンシャル・タイムズ」の東京支局を開設させた。

ゴードンやその友人には、日本人と戦場で戦った経験を持つ者が多かった。彼らにとって、日本人は憎しみの対象だった。そうした特別な感情を、日本人に対して持つイギリス人がいたことは事実だ。

イギリスは、何百年もかけて大英帝国を建設し、その帝国を維持した。その間に、インド人をはじめアジアのさまざまな民族と戦った。もちろん、インド人との戦闘も、熾烈《しれつ》を極めた。アフガニスタンや、北パキスタンの敵も、手強《てごわ》い相手だった。

しかし日本人は、そうした「強い敵」を、はるかに凌駕《りょうが》していた。日本人は、そうした植民地支配を受けた人種とまったく違っていた。日本が大英帝国に軍事侵攻した途端に、何百年も続いた帝国が崩壊した。

イギリスは、日本のマレー侵攻によって、催眠にかけられてしまったようだった。日本軍のあまりの強さに、降参するしかなかった。

そうした現実と、収容所などで受けた扱いがあいまって、「野蛮で、残虐な日本人」のイメージが強調されたのだろう。

白人列強のアジア植民地を解放し独立へ導いた日本

私は「ロンドン・タイムズ」の東京支局長も務めたが、白人世界では、戦後一貫して日本への憤りが蔓延《まんえん》していた。そこにあったのは恨みだった。日本軍の戦いぶりは、この世の現実と思えないほど強かった。イギリスは、何百年も続いた植民地から、一瞬にして駆逐された。戦闘に敗れたというだけではない。栄華を極めた大英帝国の広大な植民地が、一瞬にして消え去ったのだ。この屈辱は、そう簡単に忘れられるものではない。

イギリスは一〇六六年にノルマン人の侵略を受け国土を占領されたが、ナポレオンやヒトラーの侵略を退けた。

だが、その帝国の植民地が、何と有色の日本人によって奪われた。イギリス人にとって、有色人種に領土を奪われ、有色人種が次々と独立国をつくったことは、想像を絶する口惜しさだった。

英語で侵略《インベージョン》というと、一つの国が、他の国の領土へ武力を使って、強制的に入ってゆくことを意味する。この定義では、日本は大英帝国の領土である植民地を侵略したと、認められる。

しかし、日本は大英帝国の植民地を侵略しただけでなく、欧米の植民地支配を受けたアジア諸民族が独立するのにあたって大きな役割を果たしたのだった。

日本は、欧米のアジアの植民地を占領し、日本の将兵が宣教師のような使命感に駆られて、アジア諸民族を独立へ導いた。

日本は、アジア諸民族に民族平等というまったく新しい概念を示して、あっという間に、その目標を実現させた。植民地支配という動機とは、まったく異なっていた。日本は、アジア民族が独立することを切望していたのだ。

これは、まぎれもない事実である。

アジアの諸民族にも、独立への期待が強くあった。西洋人はこうしたまったく新しい観点から、世界史を見直す必要がある。

イギリス人は、公的にも、軍事的にも、日本に対する見方だけでなく、世界の見方を百パーセント見直さなければならなかった。

一九四二年一月にマニラが占領されたが、イギリスにとってさほどの関心事ではなかった。最大の関心事は、シンガポール、マレー、ビルマ、インドだった。日本が第二次大戦に参戦すると、アジアの植民地での戦闘が始まったが、日本軍は考えられない強さを示した。

その片鱗は、一九〇五年の日露戦争の勝利でも示されたが、イギリスは本当の意味で日本軍の強さを知らなかったから、脅威だと思っていなかった。しかし、日本軍がシンガポールを目指してマレー半島を南下すると、初めてその強さを体験した。

もっとも衝撃的だったのは、プリンス・オブ・ウェールズとレパルスという大英帝国海軍が誇る二隻の戦艦が、日本の航空攻撃によって、すぐに撃沈されてしまったことだった。それまで航空攻撃で、外洋を疾走する戦艦が、撃沈された前例がなかった。

チャーチルは若くして、海軍大臣に就任したことがある。彼が太平洋へ戦艦を派遣する決定を下したが、防空の配慮をまったくはらっていなかった。

イギリスの誇りは陸軍ではなく海軍にあった。その誇りが一瞬にして貶められた。イギリス艦隊は日本の航空攻撃に対して、ほとんど反撃できなかったのだ。イギリスは、軍事面から日本の力と、イギリスの海軍力を見直す必要に迫られた。

日露戦争での日本の勝利は、世界中の有色人種に「有色人種も白人に勝てる」ことを示して、前例のない衝撃と希望を世界の有色人種に与えた。

しかし、西洋の軍事力の相対的な弱さについては、第二次世界大戦まで西洋人が体感することはなかった。だから、マレーで起こったことは、大きな衝撃だった。そのようなことが起ころうとは、想定すらしていなかった。

まだ海軍は、海上で戦う力を残してはいたが、陸上ではそうはいかなかった。

インドは、当時、インド人のものではなかった。イギリスのものだった。インドは、イギリス領だった。私はそう教育された。だが、インドを支配するために、駐留していた兵力は、限られたものだった。

日本軍が突然、マレー半島に上陸し、まったく次元の違った戦いが始まった。チャーチル首相も、面食らったことだろう。

シンガポール防衛軍のパーシバル司令官は、金縛りにでもあったかのように、まったく戦うこともせずに、戦意を喪失し降伏した。日本軍の司令官もイギリス軍の弱さに、驚いたに違いない。日本陸軍は、それほど強かった。

イギリスだけではない。アジア各地にオランダ軍など、西洋各国の軍隊が展開していたが、あっという間に、日本軍に敗れてしまった。日本は短期間にそれだけの地上戦を展開する力を、持っていた。

西洋諸国の植民地駐留軍は、それに見合う兵力を有していなかった。大英帝国にとって、シンガポールは香港や上海に次ぐ重要な拠点だった。シンガポール陥落は、イギリスにとって、植民地支配の終わりを象徴していた。

「猿の惑星」が現実となった衝撃

このようにして、日本は大英帝国を崩壊させた。

イギリス国民の誰一人として、そんなことが現実に起ころうなどとは、夢にも思っていなかった。それが現実であると知ったときの衝撃と屈辱は、計り知れない。

ヒトラーがヨーロッパ諸国を席捲して、大ゲルマン民族の国家を打ち立てようとしたことも衝撃的だったが、それでも、ヒトラーは白人のキリスト教徒だった。イギリス人は自分たちと比較できた。

しかし、唯一の文明世界であるはずの白人世界で、最大の栄華を極めていた大英帝国が、有色人種に滅ぼされるなど思考の範囲を超えている。理性によって、理解することのできない出来事だった。

かつて、チャールトン・ヘストンが主演した『猿の惑星』という映画があったが、まさにそれが現実となったような衝撃だっただろう。誰一人として、『猿の惑星』が現実になるとは思っていまい。

人間の真似をしていた猿が、人間の上に立つ。それが現実となったくらいの衝撃だった。どのくらいの衝撃か想像がつくだろうか。

日本軍は、それほどの衝撃を、イギリス国民に与えた。いや、イギリスだけではない。西洋文明そのものが衝撃を受けた。

アメリカは、ヨーロッパ諸国に比べると日本についてもっと研究をしていた。アイヴァン・モリス、ドナルド・キーン、エドワード・サイデンステッカーなど、高名な親日学者は、皆アメリカ軍によって養成された。

ヨーロッパでは、フランスは文化面で日本の影響を強く受けたが、イギリスの場合は限られていた。江戸末期の一八六〇年代に、アーネスト・サトウというイギリスの外交官が日本を訪れ、四十年ほど行き来した。

イギリスは、日本と同盟関係を構築したが、イギリスの一般大衆が、そうした外交的な関係によって、日本について知るようになったかといえば、さして浸透していなかった。日本への理解はむしろ限られていた。

イギリスは数百年にわたって、負けを知らなかった。大英帝国を建設する過程における侵略戦争は連戦連勝だった。

私は、イギリスは戦えば必ず勝つと思っていたし、学校でそのように教えられた。

私は一面がピンクだった地球儀によって教育を受けた。イギリスの領土はピンク色で示されていたからである。
ところが、第二次世界大戦が終わると、植民地が次々と独立して、ピンク色だった世界が、さまざまな色に塗り替えられてしまった。

大英帝国は植民地を徹底的に搾取することで栄華を保っていた。お人よしの日本人が、台湾、朝鮮の経営に巨大な投資を行って、本国から壮大な持ち出しをしたのとまったく違っていた。

どうして、イギリスが植民地支配なしで、繁栄を維持できたことだろう。日本の手によって、戦争に必ず勝つはずだったイギリスが大英帝国の版図をすべて失った。
シンガポールの守りは固かったが、海からの攻撃に備えたものだった。砲台が皆海を向いていた。シンガポールの背後をつく、陸上からの攻撃から、守るように造られていなかった。

『平家物語』ではないが、無常を感じざるをえない。栄華を極めた人々は、栄華に溺れた。ついには戦うこともせず、降伏してしまった。

白人列強がアジアを侵略してつくった植民地に、日本が軍事侵攻をし、占領したという。日本の軍事侵攻は、侵略戦争で犯罪行為なのか。

侵略が悪いというのであれば、世界史で、アジア、アフリカ、オーストラリア、北米、南米、アフリカを侵略してきたのは西洋諸国だ。しかし、今日まで西洋諸国がそうした侵略を罰せられたり、そうした行為に対して謝罪をしたりしたことなどない。どうして日本だけが、欧米の植民地を侵略したことを謝罪しなければならないのか。日本が侵略戦争を仕掛けたのではなく、西洋諸国が世界の隅から隅まで侵略し尽くして、残されたわずかな数の非白人の独立国の一つが日本だったというのが真相だと私は考えている。

脅威の始まりはペリーの黒船来航であり、これが真珠湾攻撃の遠因となったことを、私は外交評論家の加瀬英明氏との共著『なぜアメリカは対日戦争を仕掛けたのか』

（祥伝社）に記した。

過去五百年のキリスト教徒による世界侵略の中で、なんとか独立を守ってきたというのが日本の真実の姿なのである。

したがって、東京裁判で日本が裁かれたのは、「白人の植民地」を有色人種の日本が侵したという白人の勝手な解釈によるものだと私は考える。

GHQの理不尽な刷りこみ

マッカーサーの占領政策は、日本を弱体化することが目的だった。日本が二度とアメリカと戦争をしようなどと思わないように、さまざまな作戦を実行に移したのである。

武器を持って戦う気概を削ぐために、「平和憲法」をわずか一週間で書き上げた。「裁判」を装った復讐劇で、「日本は戦争犯罪国家」なのだというイメージを国民に刷りこんだ。

正義は連合国側、つまりアメリカにあり、日本の戦時指導者を犯罪人に仕立て上げた。「国民は悪くない。悪いのは軍人や政治家だ」と、敵をつくり上げて国民と国家を分断した。

欧米や中国、朝鮮が「日本はアジアを侵略し、非道な残虐行為を行った」というのは、自国を正当化するための戦争プロパガンダである。自国にとって有利なようにプロパガンダを利用するので、事実を曲げれば黒いプロパガンダとなる。

しかし、自国を正当化しようとするのは当然のことであるから、まだ理解はできるというものだ。

問題は、日本のメディアと多くの日本人の誤解にある。

アメリカや中国、韓国のプロパガンダを、疑うことなく、そっくりそのまま受け入れている。なぜ、日本のマスコミや多くの国民が、戦勝国の正義をプロパガンダする必要があるのだろうか。理解できないことだ。

日本人は洗脳されたのだ。しかも、洗脳されている者は洗脳されていることに気づかないので、戦後何十年が経とうと、多くの日本人は連合国の戦勝史観が正しかったと思っているのである。

ＷＧＩＰ（ウォー・ギルト・インフォメーション・プログラム）という略語を聞いたことのある人も少なくないと思う。さかのぼれば、文芸評論家の江藤淳がＷＧＩＰの存在を主張し始め、最近では私や、ケント・ギルバート氏ら多くの著名人が大々的に取り上げて問題にしている。

これは、ＧＨＱ（連合国軍最高司令官総司令部）による大東亜戦争後の日本占領政策の一環として行われたプログラムである。日本人の心に贖罪《しょくざい》意識を植えつけるための占領政策であった。

つまり、日本のメディアや多くの日本の国民が洗脳されたままになっているのは、このＷＧＩＰが効きすぎて、容易に洗脳されていることに気づかないからなのだ。

ＷＧＩＰの洗脳にかかっている日本人には、次のような思いこみの症状が見られる。

- 東京裁判で「Ａ級戦犯」が処刑された。

- 「A級戦犯」が祀られる靖国神社に首相や閣僚が参拝するのはよくない。
- 民意に反して、軍部が戦争に国民を引きずりこんだ。
- 日本は侵略戦争を起こし、アジアの人々と戦った。
- 日本軍はアジア諸地域、太平洋戦争で多くの民間人を犠牲にした。
- 日本軍は沖縄の人々を見捨て、犠牲にした。
- 東京大空襲をはじめとする全国への空襲、広島・長崎への原爆投下は、日本が過ちを犯したからで、反省すべきだ。

ほかにもまだまだ列挙すればきりがないほどあるが、おおよそ洗脳状態にある人は、このような思いこみの傾向があるといってよい。
日本が真の意味で、立派な独立国となるためには、こうした洗脳から解放されなければならない。

A級戦犯や靖国神社参拝については、本書では省略するが、「民意に反して、軍部が戦争に国民を引きずりこんだ」かどうか、そのことについて次項で述べておきたい。

その前に、私がこの戦争を「大東亜戦争」というのにはわけがある。マスコミや日本人の大半が大東亜戦争のことを「太平洋戦争」というが、それは占領下でアメリカが「太平洋戦争」と強要して使わせたからである。日本の戦争名は「大東亜戦争」なのだ。

一九四一（昭和十六）年十二月八日、天皇の詔書が発せられ日本は開戦した。そのときに日本が閣議決定した正式な戦争名は「大東亜戦争」である。私は、この戦争名を日本は堂々と使うべきだと思う。

ところが、大手のメディアのほとんどが「太平洋戦争」と呼称しているのである。これも占領政策の残滓《ざんし》なのだから、即座にやめるべきだ。

「なぜ、日本は開戦したのか」は、「開戦の詔書」に答えがある

そもそも、なぜ日本は開戦したのか。多くの日本人はそのことを知らない。

昭和天皇の「開戦の詔書」には、その理由がもっとも端的かつ明快に説明してある。日本人が何よりも学ぶ必要がある重要なこの詔を原文ではなく、概要を現代語訳文で

紹介する。

神々からご加護を受け、万世一系の皇位を継いでいる大日本帝国天皇は、忠実な臣民にはっきりと伝える。

私は、米国・英国に対し、宣戦を布告する。陸海軍将兵は、全力で戦い、全政府関係者は職務に身をささげ、国民はそれぞれが本分をつくし、一億の心を一つにして国家の総力を挙げて、この戦争の目的を達成するため、手違いがないようにせよ。

そもそも、東アジアの安定を確保し、世界の平和に貢献することは、偉大な明治天皇と、大正天皇が構想されたことで、私自身も常に心がけていることだ。

そして、各国と交流を深めることは、帝国の外交の要諦である。しかし今、不幸なことに、米英両国と争いを開始するにいたった。やむをえない事態となった。このようなことは、私の本意とは異なる。中華民国政府は、かねてより我が帝国の真意をくみ取らず、いたずらに闘争を起こし、東アジアの平和を乱し、ついには帝国に武器をとらせる事態に至らせた。そうなってから、すでに四年以上経過している。

幸い、国民政府は南京政府に変わった。帝国はこの政府とともに善隣の誼《よしみ》を結んで、提携し始めたが、重慶に残っている蔣介石政権は米英の擁護を当てにし、兄弟の南京政府との間で、せめぎ合いの姿勢を改めようとしない。米英両国は、この蔣介石政権に支援をしつつ、東アジアの混乱を助長し、平和の名のもとに東洋を征服するというような野望を抱いているようだ。

それだけでなく、味方になった国々を誘って、帝国の周辺で軍備を増強し、帝国に挑戦をし、加えて帝国の平和的通商にさまざまな妨害を加え、意図的に経済断行をして、帝国の生存に脅威を加えているのだ。

私は政府に事態を平和的に解決させようとさせようとし、長い間、忍耐してきたが、米英は、両国で譲り合う精神がほとんどなく、この事態の解決を遅らせようとする。そして、その間により一層、経済上・軍事上の脅威を高め続け、我が国を屈服させようとしている。

こうした事態がこれ以上続けば、東アジアの安定に関して我が帝国が続けてきた努力は無意味となり、帝国の存立も危機的状況になる。もはや、我が帝国は自存と自衛のために、決然と立ち上がり、一切の障害を破砕する以外の道はない。

皇祖皇宗の神霊を頂き、私は、国民の忠誠と武勇を堅く信じて、祖先の遺業を押し広め、一刻も早く採め事を解決し、東アジアに永遠の平和を確立し、それによって帝国の光栄の保全を期すものである。

御名　御璽《ぎょじ》

昭和十六年十二月八日

戦争に反対した勢力も一部存在したが、国民の多くは「開戦の詔書」に書かれた日本の状況を理解していた。

むしろ、開戦を支持していたのは国民世論だった。決して、独裁者や軍事政権が世論を無視して戦争に引っ張っていったのではない。正しくは、日本政府は最後まで日本と大東亜共栄圏（東アジア地域）の平和を望んでいた。

戦争を欲してそれを仕掛けたのは、日本の軍部ではなくアメリカだったのだと私は考える。

日本はアジア諸国と戦争をしたという誤解

自衛戦争は合法と先述したが、第二次世界大戦の連合国である国際連合によって、どうにかこうにか侵略が定義されたのは一九七四（昭和四十九）年十二月十四日の総会での採択だった。その決議内容は次のようなものである。

第一条　侵略とは、一国による他国の主権、領土保全若しくは政治的に対する、又は国際連合憲章と両立しないその他の方法による武力の行使であって、この定義に定められたものをいう。

第二条　国家による憲章違反の武力の先制的行使は、侵略行為のいちおうの証拠を構成する。ただし、安全保障理事会は、憲章に従い、侵略行為が行われたとの決定が他の関連状況に照らして正当化されないとの結論を下すことができる。

第三条　次に掲げる行為は、いずれも宣戦布告の有無にかかわりなく、第二条の規定に従うことを条件として、侵略行為とされる。

a　一国の軍隊による他国の領土に対する侵入若しくは攻撃、一時的なものであってもかかる侵入若しくは攻撃の結果として生じた軍事占領。又は武力の行使による他国の領土の全部若しくは一部の併合

b　一国の軍隊による他国の領土に対する砲爆撃、又は一国による他国の領土に対する武器の使用

c　一国の軍隊による他国の港又は沿岸の封鎖

d　一国の軍隊による他国の陸軍、海軍若しくは空軍又は船隊若しくは航空隊に対する攻撃

e　受入国との合意に基づきその国の領土内に駐留する軍隊の合意に定められた条件に反する使用、又は合意終了後の右領土内における当該軍隊の駐留の継続

f　他国の使用に供した国家の領土を、右他国が第三国に対する侵略行為を行うために使用することを許容する当該国家の行為

g　上記（右記）の諸行為に相当する重大事を有する武力行為を他国に対して実行する武装部隊、集団、不正規兵又は傭兵の国家による派遣、若しくは国家のための派遣、又はかかる行為に対する国家の実質的関与

第四条　前条に列挙された行為は網羅的なものではなく、安全保障理事会は憲章の規定に従いその他の行為が侵略を構成すると決定することができる。

しかし、このように定義されていても、しょせんは連合国が決めたことである。安全保障理事会の政治的判断によって、侵略戦争の定義は左右されてしまう。常任理事国が拒否権を出せば、それは認められてしまうのだ。

それなら、国際社会で厳密な法的概念としての「侵略」は、いまだ確定的に定義されていないということになる。

それどころか、大東亜戦争の当時、あるいは、それ以前に侵略戦争が国際法違反であるなら、欧米列強はすべて国際法違反をし続けてきたことになる。

日本人には、「日本はアジアに軍事侵攻したのだから侵略だ」と思っている人が多い。しかし、それは史実とはまったく違うのである。単に洗脳されて思いこんでいるにすぎない。

では、史実を述べよう。

日本が大東亜戦争に至ったのは、昭和天皇の「開戦の詔書」からもわかるように、追い詰められて、どうしようもなくなったので、自衛のために開戦したのである。

東京裁判後、マッカーサーもアメリカ上院の軍事・外交合同委員会で、「大東亜戦争は第一義的に自衛戦争であり、侵略戦争ではない」と証言している。

日本のマスコミや多くの国民は、大東亜戦争で日本がアジア諸国と戦争をしたと、そう誤解している。

はっきりと言おう。日本はアジア諸国と戦争をしていない。日本はアジア諸国を侵略していない。日本がアジアで戦った相手は白人キリスト教徒の欧米列強なのである。

ここを間違えずに、正確に認識しなければならない。


大東亜戦争前、アジアで欧米列強の植民地となっていなかったのは、日本、ネパール、シャム（タイ）などであった。そのうちネパールとシャムは、欧米列強アジア植民地争奪戦の緩衝地帯として、かろうじて植民地にならずにいたにすぎない。

アジアで独立を保っていたのは、日本だけだったのである。

つまり、大東亜戦争は日本がアジアを植民地支配していた欧米列強の軍隊にいどんだ戦いだったのだ。

だから、アジアの諸民族は、日本がアジアに軍事侵攻したことを歓喜して迎えたほどであった。アジアの植民地は日本と共に欧米列強と戦い、独立を目指したのである。

それまでアジアの植民地は宗主国と何百年にもわたって、独立のために戦ってきたが、そのたびに欧米列強の軍隊に虐殺され、反乱は鎮圧されてしまった。

ところが、日本軍が欧米列強の軍隊をアジアから一掃したことで、アジア各国は独立の気概を持つことができた。

東南アジアに独立国があるのは、他でもない日本が大東亜戦争を戦ったからである。日本が大東亜戦争を戦ったからこそ、アジア諸国は欧米列強の植民地支配から解放されたのである。

世界を舞台に「人種平等」を提案した日本

そもそも、白人キリスト教徒が有色人種に対して、どのような仕打ちをしてきたかを知るべきだ。日本軍がアジアの民間人を大虐殺したように刷りこみをされているが、まったくその逆なのである。

白人は有色人種を、まるで動物をスポーツ・ハンティングするように殺していた。しかし、日本は有色人種を同じ人間として平等に扱うよう、白人に対して訴えていたのである。

アジア諸国にもともと白人はいない。先住民は有色人種である。それを駆逐したり、奴隷にして搾取したりしてきたのは日本ではなく、白人列強だったことを間違えてはならない。

むしろ、日本は自国の税金を持ち出して、朝鮮人、台湾人を援助していたのである。日本人よりも優遇されていたほどだ。アジアのどこの地域、どこの民族であっても、日本人は「アジアの同胞」という意識で接したのだから、白人が有色人種にしたような虐殺、性的暴行、略奪、搾取など断じてしていない。

日本の敵と味方を勘違いすることで、このような大きな誤解、ズレが歴史認識に生じてくる。日本軍にとって、アジア諸民族は同胞であり、味方だったのである。

日露戦争で白人帝国ロシアに勝利した日本は、世界中の有色民族から崇敬のまなざしを寄せられた。彼らは白人列強の世界侵略、植民地支配による搾取から、日本が救ってくれることを期待したのである。

第一次世界大戦ではイギリスと同盟国となり戦勝国となった日本は、平和な世界を構築する目的で発足することになった国際連盟の規約に、「人種平等」の理念を盛りこむことを提案した。一九一九年二月十三日のことだ。今年の二月十三日には、その百周年を記念する集会が、憲政記念館の講堂で行われた。「人種差別撤廃提案」は、日本が世界のあらゆる国に先がけて国際社会に示した日本精神だった。

しかし、採決で圧倒的多数の獲得があったにもかかわらず、アメリカのウィルソン大統領やオーストラリアのヒューズ首相の反対で、提案は却下されてしまったのである。世界は白人が有色人種を奴隷のように支配し、搾取する場であった。

それからのち、日本は満州事変、日支事変、大東亜戦争へと険しい道のりを歩むこととなる。極東国際軍事裁判が、「平和に対する罪」を掲げて、その共同謀議が戦争犯罪であるとして糾弾してきたまさにその部分である。

満州事変については国際連盟が派遣したリットン調査団のいわゆる「リットン報告

書」が詳しいが、日本ではこの報告書にメディアも国民も異議を唱えて、各地で抗議集会が行われ、挙句に国際連盟を脱退することになった。

つまり、日本国民とメディアがそれを望んだのである。

WGIPの洗脳を解くために

私は、百パーセント日本人が品行方正と論じているのではない。どこの社会でも、何の組織でも犯罪者はいるし、どこの軍隊にも軍法違反をする者はいる。

しかし、日本軍は「天皇の軍隊」＝「皇軍」という誇りから、天皇の名誉を傷つけるような行為は、非常に厳しく取り締まっていた。

このことは、一九三七（昭和十二）年十二月十三日の南京戦でも、南京陥落の前後で軍紀粛正が徹底されていたことからもわかる。大東亜戦争で日本軍の侵攻したアジア全域でも、そうした軍紀粛正は徹底されていたのである。

むしろ、私は一九四五（昭和二十）年の連合国による日本占領のほうが、殺人、性的暴行、略奪、暴行が多かったと、そう感じている。

日本人は、欧米人、中国人や韓国人と違い、そうした被害を主張しないところがある。しかし、近現代史研究家でありジャーナリストの水間政憲氏などが英文で発表している資料などは、いかに日本占領を行った連合国軍が、殺人、性的暴行、略奪をしていたかを明らかにしている。

沖縄県の翁長《おなが》雄志前知事は、日本は本土を防衛するために沖縄を犠牲にしたという。沖縄県民は、まるで日本国民ではない琉球民族で、歴史的に日本人に差別、迫害されてきたかのような言いようだった。

翁長前知事は日本と沖縄を分断したかったのだろうか。

特攻隊の多くが台湾や鹿児島の基地から飛び立って散華した。沖縄戦で沖縄を守るために戦っていたのである。

沖縄戦の特攻隊員は、四十七の都道府県出身者である。つまり、全国すべての都道府県に沖縄戦の戦死者がいるのである。もっとも戦死者が多いのは東京だ。

沖縄を犠牲にしたなどという暴言は、沖縄を除く四十六の都道府県出身の沖縄戦の戦死者に対し、あまりにも無礼なことだと思う。

沖縄もそうだが、「悪いのは侵略戦争を起こした日本の戦時指導者、残虐非道な日本軍」だという洗脳に日本国民が侵されていなければ、こんな自虐的な発想は生まれてこない。

二〇一一（平成二十三）年に出版されたアメリカのハーバート・フーヴァー元大統領の回顧録『裏切られた自由』（FREEDOM BETRAYED）に、私は目を通して改めて衝撃を受けた。フーヴァー元大統領は本の中で、次のように論じているのである。

一　日米戦争は、時のアメリカ大統領フランクリン・ルーズベルトが、日本に向けて仕掛けたものであり、日本の侵略が原因ではない。

二　一九四一（昭和十六）年の日米交渉では、ルーズベルトは日本側の妥協を受け入れる意図は、はじめからまったくなかった。日本側の誠実な努力は実らなかった。

三　アメリカは一九四五（昭和二十）年に、原爆を投下せずに日本を降伏させることができた。原爆投下の罪は、重くアメリカ国民にのしかかっている。

アメリカの大統領が、ここまではっきりと連合国戦勝史観を否定するとは、驚きというしかない。日本人は、責任をいたずらに日本軍に押し付けるべきではない。

太平洋諸島で、アジア各国で、沖縄で、日本全土で、民間人を大虐殺したのは、アメリカだ。日本軍が太平洋の島々で、アジア諸国で、あるいは沖縄で、民間人を殺したのではない。戦闘によって大量の死者が出た理由は、アメリカの圧倒的な火力、戦力だった。

それでも、「日本が侵略戦争を始めたのだから」と、侵略ではないのに自虐的に考えるのは洗脳だ。フーヴァー元大統領が、回顧録で語るように、戦争を仕掛けたのはアメリカだった。日本は最後の最後まで、戦争ではなく平和を求めていたのである。

こうしたアメリカによるWGIPの洗脳を解くには、日本人が正しい歴史認識を持つことが必要だ。私のことを、「歴史修正主義者《リヴィジョニスト》」と呼ぶ外国特派員も出てきている。連合国戦勝史観と違う歴史について語り始めると、すぐに「歴史修正主義者」とレッテルを貼って批判するのは、歴史についてまっとうに議論ができないからであろう。

史実と違うというのであれば、その個々の歴史的事実について、歴史ディベートをすればいいだけのことである。

それでも、歴史解釈は一致しないことも多いだろう。だから、戦争になったのだ。歴史認識は戦争の勝者と敗者で異なっても不思議はない。

問題なのは、メディアやジャーナリストたちである。彼らは、勝者が敗者に対し、一方的に勝者の見方を強要して、それ以外の歴史認識を持つと、すぐに「歴史修正主義者」といって、レッテル貼りをするのはいかがなものだろうか。

それは単なるプロパガンダにすぎない。「歴史修正主義者」と声高に相手を罵倒する者こそが、多くの場合、「歴史修正主義者」なのである。

最終章

日本文化が世界を変える

常に融合を選んできた日本人

先の大戦に敗れた日本は、アメリカ軍による占領を受け、ＷＧＩＰの呪縛に苛《さいな》まれた。しかし、それまでのこの国の長い歴史の中では、他民族や、異文化による占領、支配を受けることがなかった。

日本は、いつの時代であれ、長い歴史の中で、異文化を上手に取り入れ日本に適するように、極めて独自なものにつくり替えて、日本文化として熟成させてきた。

以前述べた「本地垂迹説」などは、その典型的な例である。だから、欧米人をはじめ、外国人にとって、日本人の「心」はあまりにも異質であるために、容易に理解することができない。

たとえば、以前、新聞の投書欄で、東南アジアの仏教国の留学生からの投書を読んだことがある。その内容は、日本に来て、寺と神社が同居していたり、日本人がクリスチャンでもないのにクリスマスを祝ったりする姿に違和感を覚えるというものだった。そしてその投書は、「母国が、日本のような無定見な国にならないように」という言葉で結ばれていた。

理解不能であることももっともである。私とて、日本独特の文化を理解し、それをすばらしいと受けとめることができるまでにはそれなりの時間がかかっている。数年の留学生活で理解しろというほうが無理というものだろう。

一言でいえば、日本民族は、異なるものを、二律背反的な対立構造で捉えなかった。大きく「和」の心をもって共存させ、全体の調和を保つことによって、独自の文化を織りなしてきたのである。

それは、言葉の成り立ちにもはっきりと表れている。日本語は、最後まで聞かないと、いったい肯定しているのか否定しているのかがわからないことが多い。

曖昧な結論を出したり、土壇場になって、肯定と否定が逆転したりすることなど、欧米語ではありえない。外国との交渉で、同時通訳者をもっとも悩ませるのも、日本語の文は、肯定か否定かが最後までわからないことである。

それでも、最後に、肯定か否定かがわかればまだいいほうで、日本語ではしばしば、最後まで話を聞いても、いったい、肯定なのか否定なのか、相手をけむに巻くような話し方をすることもある。

「そうともいえるけれど、そうじゃないともいえると思う」「あれもいいけれど、こっちもいいいな」「あいつは悪いやつだけれど、結構お人よしなところもあるし優しい性格なんじゃないかな」などなど、いったいどちらなんだと言いたくもなる。

結論を「あえてはっきりさせない」理由

もちろん、人間同士、「どちらが正しいか、どちらが間違っているか黒白をつけましょう」と論争が始まることもある。しかし、とことん議論することはめったになく、「どっちもどっち。そちらが正しいところもあるし、こちらが間違っているところもあるかもしれない」などと、どっちつかずの結論で両方が納得する。

はっきりした返事が聞けない欧米人は、それが不誠実に思え、ごまかそうとしていると受けとめる。日本人はずるいとか、信用できないとかいって批判してきた。

しかし、これは、「和」を重んじる日本人にとっては、ごく当たり前の姿勢である。敵をつくらないための最善の方法だからである。

自己を主張するのではなく、相手の立場に立って、相手の思いを察するのである。譲り合いは、日本人にとって、人間関係を築く上での基本ということである。だから、概して、日本人は、寡黙なのだろう。

おしゃべりな男は、無教養であるとか、軽々しいとか、お調子者だとか、下品であるとかと言われて見下される。

あるいは、日本だったら、幼いときから教えられている「負けるが勝ち」という言い方も、日本人以外の人間にはまったく理解不能なのである。

これは、強いて争わず、相手に勝ちを譲れば、結局は勝利がもたらされるという意味だが、これもまた、日本人独特の「心」と「心」の通じ合いということになろう。なぜならば、譲られた相手は、そのことに負い目を感じ、譲り返すのが常だからである。

そういう意味で、「負ける」のは、自分が弱くて負けるのではなく、「負けてあげる」つまり、「勝ちを譲る」ということなのだ。

最近では、欧米でも、「一方が勝ち、他方が負ける」という発想から、「ウィンウィン」などと、両方が勝つ方法を模索し始めたようだ。

「ファジー理論」という概念も同様だ。これは、ゼロか一か、オンかオフか、イエスかノーかという二者択一ではなく、「不明瞭」、つまり「どちらでもない」「わからない」「こうでもありああでもある」という第三の選択肢もあるよという考え方である。

欧米人が、こうした思考訓練を始めたのは、二者択一が対立を生み、戦争をも誘発してきたという、過去に対する反省があるからだろう。

とはいえ、こうした理論が説かれているのは、学会のごく一部のことで、「結論は一つ」という世界で生きてきた圧倒的多数の欧米人にとっては、二者択一の呪縛から解放される道はまだまだ遠い。

日本人が、生来持ち合わせている「和」の精神にたどり着くのはいつの日だろうか。そのとき、日本はおそらく、世界で一番好かれる国になるだろう。

日本では、武器も美術品

日本人ほど、和服から、料理、食器まで、日常生活の中で、美意識が発達している国民はいない。江戸時代の女性の髪形にしても、機能性から考えれば、不便なことこのうえないと思われる。想像するだけだが、夜も熟睡できないのではないか。

日本刀も、武器というよりは美術品である。時代劇を見ていると、武士が、口に懐紙をくわえて、刀を抜きじっと見入っている場面がよくある。

あれも、刀の手入れという機能性の側面の一方で、いかに美しいかを鑑賞し、その「美」に酔っているかのようだ。

私が親しくしている刀匠（刀鍛冶《かじ》）の話では、日本には、国宝に指定されている美術品が約千百件あるという。

そして、その中で工芸品は二百五十件前後あり、その約半分が、日本刀や鞘、鍔《つば》など、日本刀に関するものである。つまり、日本では、日本刀はもっとも代表的な工芸品なのである。

刀身は、実に美しい。それを見つめていると、その微妙な輝きに魂が吸いこまれてしまうような気がする。

私が日本刀を知るようになったのは、親しい友人となった三島由紀夫のおかげだ。三島は、私を私邸に招くと、しばしば、自慢の名刀を取り出してきて見せてくれた。重要文化財クラスの逸品だということだった。

私は、何冊か日本刀に関する書物を読んだが、室町時代中期以降、脇差《わきざし》以外の太刀が実戦に使われることはほとんどなかったというのが定説になっている。刀身が薄く、繊細なので、曲がりやすく、刃こぼれしやすいからである。硬い鎧《よろい》を身につけた武将たちを斬ろうとすれば、あっという間に使い物にならなくなったに違いない。

しかも、日本刀は非常に重くて、そう簡単には振り回せない。時代劇では、バッタバッタと悪人どもを懲らしめる場面があるが、どんなに優れた剣の達人でも、三人くらい斬れば、息切れしてしまうだろう。

「武士の魂」になった日本刀

戦国時代に鉄砲が登場すると、弓矢にとって代わられたし、その他の武具としては、戦場の主役は槍《やり》と薙刀《なぎなた》だった。戦場では使われない日本刀が、戦国時代が終わっても「武士の魂」とされたのは、その美しさゆえなのだ。

先の刀匠は、「実戦に使われなかったからこそ、古くいいものがたくさん残っているのですよ」と言って、どうして、国宝の中で日本刀が圧倒的に多いのかを、笑いながら説明してくれた。

もし、日本刀が実用的な武器であって、ただ人を殺《あや》めるために使用されていたら、武士の魂を象徴するものにはならなかったに違いない。

三島由紀夫が、市ヶ谷の自衛隊駐屯地で自決したとき手にしたのも日本刀だった。

私は、三島の自宅を何度も訪問した。三島は、

「ヘンリー、そこに座れ」

と言って、私を洋間の床に正座させた。私は、三島に誘われて、剣道や空手の稽古をしたことがあるので、長時間正座することができた。

あるとき、三島が、背後から日本刀を一閃《いっせん》振りおろして、私を介錯《かいしゃく》する真似をしたことがある。とても生きた心地がしなかった。

三島は、一連のしぐさを終えると、いつものように、愉快そうに高らかに笑った。しかし、私は、日本刀が「武士の魂」であるならば、冗談のように軽々しく振り回すものではないと思った。

その後、三島が製作して自演した映画『憂國』に、三島が切腹をするシーンがあったので、その練習の一環だったのだろうと思って、自分を納得させている。

しかし、もし三島が、今防衛省がある市ヶ谷でピストル自殺をしていたら、「日本人の魂」を感じさせることはできなかっただろう。日本刀で、作法通りにことに臨んだからこそ、世に衝撃を与えたのである。

切腹が覚悟の上だったことは理解できる。書くことだけでは訴えられないものがあって、三島は、行動することで問題提起した。そういう意味では武人だったのかもしれないが、私は、いまだに最終的な評価ができないでいる。

だが、日本刀でことに臨み、日本刀で自裁までして訴えた事実の重みは受けとめようと思っている。

日本文化が新世界をつくる

幕末、通商を求めて日本にやってきたペリーは、江戸湾に侵入して投錨《とうびょう》した最初の夜、甲板から流れ星が夜空に輝くのを見て思わず次のように叫んだという。

「全能の神のお示しだ！　古代人の上に降りたものと同じものだ！」

そして日記に次のように記したという。

「神が、このすばらしい天地を創造された。我らの試みが、これまで見離されてきた人々を、文明へとお導きくださるように祈ります。どうぞ、ことが成就しますように」

ここにある「見離された人々」とは日本人のことであり、文明とは「キリスト教文明」のことである。

ペリーも、西欧人に共通する認識として、白人のキリスト教徒だけが、文明人だと考えていた。その他は、文明に浴することができない野蛮人だという「白人絶対優位」の世界観を持っていたのである。

ところが、これはとんでもない間違いであって、二千年以上の歴史を経てできあがった日本の中心地江戸は、未開の土地どころか、世界最大の都市だった。武家も庶民も、豊かな都市生活を満喫していた。

ドイツ人の博物学者で、江戸中期の一六九〇年から一六九二年の元禄時代、長崎の出島に勤務したエンゲルベルト・ケンペルは、江戸を訪れたときのことを次のように記している。

「行きかう大名、小名、幕府の役人などの行列、美しく着飾った婦人たち、ヨーロッパの軍隊のような隊伍を整えて行進する褐色の革羽織の消防隊、軒を連ねる呉服屋、本屋、薬屋などの商家。

路上に大きな露店を出しているものも少しはあった。だが、豪華な行列を見慣れている江戸の人びとは、微々たる我々の一行には目もくれなかった」（『江戸参府旅行日記』）

ヨーロッパで産業革命が始まり、マルクスやエンゲルスの著述が登場したのは、十九世紀なかば、江戸時代後期にあたる。当時は資本家による搾取が悲惨な状況をつくりだしていた。日本人は、それ以前から、このような豊かな都市を造っていた。

江戸時代を、支配階級による搾取と暗黒の社会だったと決めつける者もいるが、江戸の身分制度は、前にもいったように、単なる職分の違いだった面が多い。互いにその立場を尊び、助け合う社会だった。

むしろ、戦国時代が終わってのち、多すぎた武家は、少ない報酬にあえぐようになっていた。民衆のほうが富を蓄積し、自由に楽しく暮らしていたのである。

農民にしても、江戸時代初期の年貢は、「七公三民」といわれるほどだったが、四代将軍家綱の治世（一六五一年から一六八〇年）には下がり、七代将軍家継の時代には、ときの幕政を指導した朱子学者新井白石が、実質税率を二割八分にしたという。税率がここまで落ちる例はほとんどないだろう。

さらに新田開発が進み、米の耕作面積は、江戸時代を通して二倍、収穫量は四倍になったという。町人は、武士よりも豊かで、貧しい武士は経済的に町人に頼るようになったのである。支配階級とは名ばかりだったことがわかるだろう。

ちなみに、新井白石は、無役の旗本でありながら、政治に関与していた。これも、前に述べたように、能力次第では抜てきされる典型例といえよう。

日本の「華」・江戸文化

ヨーロッパで、音楽家や画家を庇護し、彼らを育てたのは貴族階級だったが、江戸で、その役割を担ったのは裕福な町人である。

彼らの庇護により、当時世界最大の首都だった江戸では、絵画の世界でも、舞台芸術でも、高い水準を誇っていた。

歌舞伎も浄瑠璃《じょうるり》も、そして浮世絵も、すべて庶民のものだった。庶民が文化を支え、栄えさせた国家は、世界のどこにもなかった。日本以外の国では、舞台芸術も、絵画も、音楽も、支配階級である王侯貴族のものだった。

歌舞伎は、庶民の感覚と風俗を写した大衆劇だったが、その豪華絢爛《けんらん》さは、世界一であり、庶民は、歌舞伎のセリフをそらんじるほど歌舞伎に馴染んでいたという。

また、浮世絵も庶民のものだった。喜多川歌麿、東洲斎写楽、葛飾北斎、安藤広重ら、当時の流行作家が描いた絵は、十九世紀のヨーロッパに大きな影響を与えている。

だから、これらの作品に登場するのは、商人や浪人など庶民である。これも、また王侯貴族ばかりが登場する、西洋や中国には見られない現象である。前に触れたように識字率も高かったために、木版印刷による出版業や貸本業も繁盛した。

江戸から、目を移してみれば、江戸と京都を結んだ東海道など五つの街道が、江戸を出発点として整備された。神社や仏閣へ参拝に行く団体（講）があったこともあって、伊勢参りなど、多くの旅人が行きかい、東海道には三千軒以上の宿があった。

街道を往復する町飛脚という郵便制度も完備され、「宿駅」という中継点をリレーして、九州から蝦夷《えぞ》（北海道）まで郵便を届けた。定期便は、東海道を六日で走ったといわれている。

和食文化の「美」

二〇一五年五月、万博史上初の「食」をテーマにしたミラノ万博が開催され、歴史学者・原口泉氏が招かれて講演している。おそらく、伝統的な和食が世に知られるようになったからであろう。

現に、その二年前の二〇一三年十二月、「和食・日本人の伝統的な食文化」がユネスコ無形文化遺産に登録された。この二十年くらいで、和食が世界を虜にするようになったその結果である。年々増加している訪日外国人も、和食を食べることが目的の一つらしい。

私も、和食が好きである。特に寿司が好きで、和食好きの外国人でも敬遠するというイクラも好物だ。私が、最初から和食に馴染めたのは、しつこいヨーロッパ料理ではなく、あっさりとしたイギリス料理で育っているからかもしれない。

もちろん、ウナギも刺身も天ぷらも、重いソースがかかっていないそのさっぱりした味わいが気に入っている。私の日常には、味噌汁も欠かせない。もう五十年近く、晩餐《ばんさん》には、一般的な和の家庭料理を食べて暮らしている。

なぜ、和食文化が注目されるようになったのか。それは、もちろん、一つには健康志向がある。その理由の一つに清潔だということもあるだろう。しかし、それもさることながら、その美しさも要因になっている。

自宅で、握りずしやちらしずし、幕の内弁当の出前をとったとき、私はいつも、食べる前にその美を鑑賞する時間をしばし楽しむ。「何と美しいのだろう！」

このように見た目が美しい食文化は、日本だけのものだ。私は、『源氏物語』の各帖につけられた「夕顔」「若紫」「紅葉の賀」「花散里《はなちるさと》」「朝顔」「夕霧」「紅梅」などを思い浮かべることもしばしばだ。

和食の美しさは、自然と一体になっているところにある。たとえば、日本人は、お祝いのときに赤飯を配るが、必ずといっていいくらい南天の葉を添える。

このようなところにも日本の美意識が表れている。和食は自然の季節感と一体になっている。和食を見れば、日本人が、いかに自然の恵みを大切にしているかがわかる。日本食は、和歌や俳句、あるいは、『源氏物語』や『枕草子』から川端康成の小説まで含めた日本の自然観を示す芸術品だと私は思っている。

田村魚菜氏による四條流包丁式＝1954（昭和29）年２月23日、撮影場所不明
（写真提供：共同通信社）

たとえば、前出の加瀬英明氏は、二〇一一年、中小企業の経営者を集めて、日本文化を学ぶ朝食会を、百週間にわたって行ったことがあった。私もほぼ毎週出席させて頂いた。

ゲストとして、平安時代から続く料理の流儀「四條流庖丁式」の家元四條司家の子孫が「庖丁式」についての講話をした。

それによると、「庖丁式」は神道の神事で、平安時代初期に第五八代天皇の光孝《こうこう》天皇が、勅命によって料理作法の形式を定めたことに始まっている。それ以来、「庖丁式」は、高位の四條司家に伝えられてきた。

私は、長い歴史がある儀式を見たいと思って、明治神宮で開催された「庖丁式」

に参列した。

四條氏は、神職のような烏帽子《えぼし》、直垂《ひたたれ》の装束で姿を現した。そして、一メートルはあるかと思われる日本刀のような庖丁を、まるで舞を舞うように美しく動かし、まな板に載った魚や野菜を見事にさばいた。

これは、儀式ののち、「神饌《しんせん》」として神前に供えられる。私は、このように、料理が神事になっている例をほかに知らない。

「伝統」と「最先端」を併せ持つ日本文化

たとえば、今、絵文字、コスプレ、アニメ、テレビゲームなど、日本製の新しい文化が世界中で流行するようになった。

絵文字などは日本語そのまま「emoji」という名前で通用しているし、日本のアニメも、英語やドイツ語やフランス語やスペイン語などで、「manga」と呼ばれている。

実は、最先端に見える日本のアニメは、漫画のさきがけである、世界でもっとも古い『鳥獣人物戯画』や浮世絵などの伝統が反映されたものだ。これらの芸術品は、西洋にはなかった、斬新で大胆な構図が西洋の芸術家の心を捉えたのだが、今、絵文字や漫画がそれと同じ線上で西欧人の心を捉えているのである。

絵文字にも同じことがいえよう。絵文字もまた、全世界を席捲するようになり、アメリカのホワイトハウスのソーシャル・メディアも使うようになっている。

これが日本人によって発明されたことは、アメリカの研究論文で明らかになっている。それによると、絵文字は、一九九〇年代、日本のテクノロジー専門家栗田穣崇《しげたか》氏（現、株式会社ドワンゴ取締役など数社の取締役）が発明したものだという。

この研究によれば、現在、全世界で無数の絵文字（emoji）がつくられていて、笑顔や泣き顔、猫、犬、ワニ、花々、拳銃、ナイフ、スパゲティ、ハンバーガー、マティーニ（カクテル）のグラスなど多種多様のemojiが、スマートフォンやeメールの中を飛び回っている。

イギリスの知識層向けの雑誌「スペクテイター」も、この研究を取り上げ、笑顔のemojiだけで七二九〇億回も使われていると報告している。どうやって数えたのか、私にはわからないのだが。

次に多く使われているemojiは、ピンクのハートや赤いキスマーク、赤いバラ、ピンクの野菊、リボンがかけられた菓子箱の順番だそうである。おそらく、漢字が発明される前の象形文字や、古代エジプトの絵文字の再来のようなものなのだろう。あるいは、短い表現で広い自然や複雑な心を表現できる「俳句」の世界が、emojiに変換されたのかもしれない。

このように、「伝統」と「最先端」が違和感なく同居している日本文化が世界に広まっていくのは、いいことだと私は思っている。

ロンドンやパリの女性を中心に流行っているコスプレもその一つである。彼女たちは、日本のこうした「かわいい文化」に注目し始めたのである。

西欧では、ハイティーンになったころから、一人の自立した女性になることを求められる。それに対して、日本の女性は、高齢になっても、「かわいい」ことが求められ、女性たちにもそう思われたいという願望がある。

日本の「和」の根底には、このようにいつまでも「かわいい」女性の存在もものをいっているのではないだろうか。たしかに、自己主張の激しい女性よりも、かわいい女性のほうがその場を和らげ、男同士の緊張を解いてくれるものだ。

とはいえ、最近では、日本でも、自己主張をよしとする女性が増えてきたようだ。

コスプレ文化が生まれたのは、日本が西洋のように、とげとげしくなってしまったことへの反発なのかもしれない。

日本文化の世界展開

数年前、外務省が日本の伝統文化や最先端文化を広めるために、世界の主要都市に「ジャパン・ハウス」を開設することを決定し、約百三十億円の予算が組まれた。日本には、そうした文化を広めるよりも、日本が「侵略国家」だったというような誤解を解く努力をするほうが先決だという意見もある。

しかし、私は、盆踊りや和食など日本の伝統文化やそれを継ぐコスプレやアニメなどを、世界の多くの人々に知ってもらうことが、こうした誤解を解く第一歩ではないかと思っている。

現に、反日分子の多い中国や韓国の観光客は、生の日本を知って、日本という国を見直すというではないか。来日してから、日本への見方を一八〇度転換した私の体験からも、まずは、多くの人に日本文化を取りこんでもらうことだ。

日本文化の広報拠点「ジャパン・ハウス」=2017年5月、ブラジル・サンパウロ（写真提供：共同通信社）

その上で、日本について、少しずつでもいいから、より深く知ってもらっていけばいいのである。

たとえば、二〇一五年十月、パリの中心にある広場で「阿波踊り」が演じられた。演じたのは、四国の徳島から来た女性たちである。周囲には、フランスの人々が、日本の祭りにつきものの屋台を出し、和食や軽食を売っていた。

この催しを計画したのは日本在住のフランス人ジャーナリストである。彼は、東京の高円寺で「阿波踊り」を見て、すっかり魅了され、十年以上かけて、パリでの「阿波踊り」を実現しようと苦労してきたという。

これもまた、日本に親しんでもらうための一環として有効に働いたに違いない。これらの努力が実を結び始め、日本文化は、次第に世界に知られるようになった。数年前までは、私の和食好きや箸使いの上手なこと、日本語をうまく話すことなどにびっくりされたり感心されたりしたものだが、今では珍しい話ではなくなっている。

また、数は少ないが、日本文化を身につけようとする外国人も増えてきた。神道の神主や落語家になった人もいるし、茶道教師になった人、日本酒造りの杜氏《とうじ》として活躍する人もいるのである。

外国人が、日本の質の高い文化を、身近で楽しむようになれば、日本に対する共感が、一歩一歩広まっていくに違いない。

日本の「省略文化」は、世界の潮流へ

わび茶の完成者で茶道千家流の始祖千利休は、朝顔を見に来ませんかと豊臣秀吉を誘ったとき、床の間に一輪の朝顔を生けて、秀吉をもてなしたという。私も、初めて

一輪挿しの花を見たときはびっくりした。

西洋にも、日本の「華道」のような「フラワーアレンジメント」はある。しかし、「華道」のように、極めるという意味での「道」というイメージはない。花をただだ盛り付けて、美しく飾り立てるのである。

だから、ただ一輪の花に「美」を感じる日本人の感性に驚かされたのである。そして、それを本当に美しいと思った。

気づいてみると、パーティの演出として飾られることが多い「フラワーアレンジメント」とは違い、日本では、駅の改札口、トイレの棚、台所の片隅など、あちらこちらに一輪の花が生けられている。

「華道」にしても、無駄に広がる枝や葉を落としてすっきりと生ける。日本人のこうした、やたらに飾り立てず、削ぎ取れるだけ削ぎ取った、いってみれば無駄をはぶく「省略文化」の代表は俳句である。

西洋の絵画や詩歌が、「フラワーアレンジメント」同様、対象を濃密に描こうとするのとまったく違い、必要なものだけを切り取って、余計なものを省略しようとするのも、日本人独特の美意識がもたらしたものである。

そういう意味で、俳句は、短い言葉で多くのものを表現しようとするために、案外難しい。たとえば、松尾芭蕉の「古池や蛙《かわず》とびこむ水の音」である。ここには、周囲の静けさがきっちりと感じられるではないか。

しかも、このような日本人の感性は、俳句や日本画や華道や茶道あるいは一輪挿しに限られたものではない。日本人の生活を律してきたのである。

たとえば、西洋人に揶揄《やゆ》されたものの一つに「ウサギ小屋」がある。これは、日本の住居の狭さをいったものであるが、日本人は、その狭い「小屋」を有効に利用してきた。

折りたたみ式のちゃぶ台を置いた部屋は、夜は布団を敷いて寝室になる。そして、屏風や衝立《ついたて》を立てて、「見えないふり」「聞こえないふり」で、同居人や隣人を慮ったのである。

このところ、俳句がヨーロッパやアメリカで人々の心を捉えて、それぞれの国語で作られるようになったのは、日本人のこうした「省略文化」が理解され始めたからであろう。